Alain Pelosato

X-Files
LE GUIDE
La série TV et les films

**Les 11 saisons chroniquées
épisode par épisode**

sfm éditions

© Alain Pelosato 2019
sfm éditions
ISBN 9782915512335
978-2-915512-33-5
Dépôt légal mai 2019

Introduction

Aux Frontières du réel (X-files)

Série télévisée américaine en couleurs de Chris Carter. 1993 – 2018. 11 saisons ! Les aventures de Fox Mulder et Dana Scully, agents du FBI, en lutte contre les services secrets du gouvernement et les extraterrestres, enquêteurs des phénomènes paranormaux aux États-Unis. Cette série passionnante a plusieurs originalités. D'abord, les deux héros sont des deux sexes. Celui qui croit aux extraterrestres est l'homme, Fox, et celle qui n'y croit pas est la femme, Dana. De nombreuses scènes les montrent en pleine discussion passionnée sur ce sujet, Dana restant intraitable, mais très fidèle. Le téléspectateur sait, lui... Ensuite, la plus qualifiée est la femme, Dana. C'est elle que l'on voit souvent en train de pratiquer une autopsie, scènes qui lui donne une aura de femme de haute formation, d'abord, mais surtout, d'une femme qui n'a peur de rien ! Elle est même enlevée par les extraterrestres, ce qui nous donne un épisode avec Mulder seul, *Les Vampires*. Ce scénario a été rendu obligatoire par le gros ventre de l'actrice qui était enceinte et qui a accouché le temps que Mulder enquête sur les vampires. Ce gros ventre a d'ailleurs servi pour une scène terrifiante d'expérience des extraterrestres sur Scully. Plusieurs scénarios sont directement inspirés de films célèbres. Hommage ou pillage ? Il en est ainsi, par exemple, de *Projet arctique* qui reprend les thèmes de *The Thing* (1982) remake de John Carpenter, jusqu'au chien qui transporte la créature monstrueuse et tueuse. Dans *Faux frères siamois*, le scénariste Darin Morgan rend hommage au chef-d'œuvre de Tod Browning *Freaks – la monstrueuse parade* (1932), mais aussi aux films de David Cronenberg. L'histoire de *Métamorphose* ressemble beaucoup au film *Wolfen* (1980) de Michael Wadleigh qui montre les Indiens qui se transforment en loups-garous ; *L'incendiaire* reprend la même idée que *Spontaneous combustion* (1990) de Tobe Hooper ; *Eve* qui raconte l'histoire de petites filles mutantes et meurtrières rappelle *Chromosome 3* (1979) de David Cronenberg... La série s'inspire également de problèmes d'actualité, comme celui de la maladie de Creutzfeld Jacob liée à l'alimentation des animaux de boucherie dans *Le Musée rouge*. D'autre part, les épisodes puisent dans le vaste chaudron des thèmes du fantastique : vampires, monstres, mutants, assassins, possession, hantises, vaudou, pouvoirs paranormaux, et, surtout, extraterrestres malveillants qui enlèvent des êtres humains pour en faire des objets d'expériences, avec, semble-t-il parfois, la complicité du gouvernement, ce qui ne facilite pas la tâche de nos deux agents fédéraux. Deux films distribués en salles ont été réalisés : *X-Files, le film (1997)* et *X-Files Régénération (2008)*

Le casting (l'essentiel seulement...)

Série créée par **Chris Carter**
Réalisateurs : Rob Bowman, Chris Carter, Darin Morgan, Glen Morgan, James Wong, Vince Gilligan, Kim Manners, David Duchovny, David Nutter, etc.
Acteurs : Gillian Anderson, David Duchovny, Mitch Pileggi, William B. Davis, Robert Patrick Annabeth Gish, Adam Baldwin,

FIGHT THE FUTURE

ONLY IN THEATERS JUNE 19

LES FILMS

The X-Files le film de Rob Bowman (1998)

Dans ce film, on n'a rien inventé dans le domaine de la mythologie du fantastique. C'est même du pillage – ouvertement avoué d'ailleurs – de films comme *La Chose d'un autre monde* et *The Thing*, *Alien* et *L'Invasion des profanateurs de sépulture*.

On y retrouve donc bien ses petits. Tout est fait pour réunir devant l'écran des millions d'initiés à la série télé. Le plaisir vient de là : on peut avoir l'impression d'une certaine communion devant toutes les références à l'ensemble de la série depuis le premier épisode... Cette complicité ironique passe par exemple par la scène où Mulder urine contre une affiche d'*Independence Day*... celle où Scully autopsie, celle où ils devaient s'embrasser, mais une abeille mutante a interrompu l'action en piquant la jeune femme, celle où le garçon ne croit pas que Fox soit du FBI, car il a *« un look de voyageur de commerce »*, celle où Mulder parle du complot et où, quand son interlocuteur (joué par le magnifique Martin Landau) lui demande ce qu'il a vu, il répond : *« On a vu des abeilles et des champs de maïs »*, celle de la fausse mort de Mulder... Cette complicité passe aussi par les affaires de famille de Mulder (et Scully ? Pour le prochain film peut-être...). Autrement, il y a de très beaux effets spéciaux, et, comme la mode le veut, le vaisseau spatial est très... gothique.

X-Files Regeneration (I Want to Believe)
de Chris Carter (2008)

Souvenons-nous du dernier épisode de la saison 9 de la série (dernier épisode d'une durée double) : avec l'aide de toute l'équipe, Mulder et Scully ont fui. Ils ont retrouvé l'homme à la cigarette qui leur a annoncé l'invasion pour 2012 avant de se faire griller par les hélicos de l'armée.

Dans ce film, on retrouve Scully et Mulder séparés et réunis de nouveau pour une enquête.

Chris Carter est obsédé par sa série *Millennium* qui a été un échec. Il reproduit dans ce film tous les tics (et les TOC) de cette série…

Scully est dans un établissement hospitalier catholique où elle tente de traiter la maladie incurable d'un petit garçon du nom de Christian (ça ne s'invente pas !). Mais que fait Dieu dans ce film ? Elle sert de contact avec Mulder qui est sollicité par le FBI pour retrouver une collègue qui a disparu. Il porte la barbe, mais il va la couper. Plus tard Scully affirmera qu'il y a un traitement pour Christian… avec des cellules souches. On se demande ce que cela fait dans cette histoire. Patience !

Ici, le rôle de Franck Black (le profiler de *Millennium*) est tenu par un prêtre "convaincu" de pédophilie qui a des visions ; il amène le FBI auprès d'un bras d'homme soigneusement amputé à quinze kilomètres du lieu de l'enlèvement de l'agent du FBI. Un moment, Scully lui répond : « Moi je n'ai pas enculé

37 enfants de chœur » quand il a demandé si Dieu n'entend pas les prières de la jeune femme…

Un sale type enlève une délicieuse jeune fille dans la neige. On est en plein *Millennium* vous dis-je. Mais quel plaisir ont ces scénaristes à torturer et assassiner de belles jeunes filles ?

Bon… il est également question de Samantha, la sœur de Mulder. Mais c'est juste pour habiller un peu le scénario.

Il y a même une poursuite, mais chez Carter les méchants ne meurent jamais. Seules les victimes meurent.

Dans le genre "docteur de l'horreur", on a vu mieux, et parfois il ne faut pas se prendre trop au sérieux…

Un très petit film prétentieux.

Un mot sur la série Fringe

Fringe (2008) de J.J. Abrams, Alex Kurtzman, Roberto Orci.
5 saisons 90 épisodes
Cette série se prend des airs de X-files au début, mais assez rapidement elle montre une réelle originalité. Mine de rien, elle est très influencée par l'œuvre de Lovecraft, notamment les mondes parallèles, les doubles identités, les transformations corporelles et mentales. Ouvrir la porte entre les deux mondes c'est très dangereux ! D'ailleurs celui qui l'a fait est maudit à jamais. Il y a aussi, la folie, l'asile de fous, les laboratoires mystérieux, les livres maudits, les phénomènes incroyables. Et puis une petite ambiance gothique…
Les inscriptions qui indiquent les noms de lieux sont composées de lettres en 3D suspendues dans l'espace.
L'action se déroule à Boston, à quelques encablures de Providence, la ville natale de Lovecraft.
L'épisode N°10 de la deuxième saison envoie carrément la couleur !
Un patient de l'asile où Joseph Slater a été clandestinement opéré du cerveau s'appelle… **Stuart Gordon** ! Quelques secondes plus tard, un plan indique que nous arrivons au « **Dunwich** Mental Hospital ».
Cet épisode montre cette éternelle quête de la porte pour passer d'un monde à l'autre.

X-Files les épisodes

La première saison (1993)
Scully est sceptique !

0100 Nous ne sommes pas seuls (Pilote)[1]
« Ça recommence, hein, lieutenant ? » L'agent Dana Scully, elle, est recrutée pour surveiller l'agent Fox Mulder qui a une "réputation" et un sobriquet : le martien. Il s'occupe des affaires non classées.

Ils vont enquêter sur la mort d'un jeune homme dans la forêt.

« *Introduire le fantastique dans le champ des plausibilités* », dit Mulder, et Scully n'est pas d'accord.

« *Il suffit de savoir où regarder* ». Il y a eu d'autres morts dans le passé.

Mulder trace des croix rouges à la bombe sur la route. Un cadavre d'extraterrestre dans un cercueil.

9 minutes se sont évaporées ! Scully se dénude. Mulder raconte l'enlèvement de sa sœur.

Bon ! Pour le reste on n'en saura pas plus, sauf qu'on nous cache tout.

On aperçoit l'homme à la cigarette. Mais pour ceux qui ne connaissent pas la suite, cette brève apparition n'a aucun sens…

---
[1] **Les meilleurs épisodes sont soulignés**

0101 Gorge profonde
L'arrivée d'un personnage occulte : "gorge profonde". Des pilotes d'essai de l'US Air Force ont de l'urticaire et perdent l'esprit. Et nous voilà replongés dans l'ufologie, sans rien apprendre de plus comme d'habitude.

Scully reste toujours très sceptique. Elle le restera encore très longtemps. Pourtant le complot est partout et les OVNIs volent au-dessus de la base.

0102 Compressions
Eugène Victor Tooms a la capacité de se "compresser" et de passer par de tout petits trous... Rendez-vous à l'épisode 0120.

0103 L'enlèvement
Mulder enquête sur un enlèvement. L'occasion de rappeler celui de sa sœur. Son petit frère écrit des codes secrets en langage binaire. La jeune-fille a bien été enlevée par des ET. Mais pas de preuve !

0104 Le Diable du New Jersey
Dans les années 50, crevaison sur une route forestière en pleine nuit. Quelque chose rôde... Le chef de famille est enlevé (en 1947). Dans ces premiers épisodes, on voit Mulder et Scully faire des démarches administratives pour leurs enquêtes. Mulder porte de très beaux costumes et une belle cravate. Il mène l'enquête pendant que Scully fait la nounou chez sa sœur (que l'on retrouvera plus tard dans la série).

Un homme de Neandertal (plutôt une femme) rôde et tue. Mulder n'a pas peur des puces avec son beau costume. Scully ne peut toujours pas « tirer des conclusions ». Scully drague, mais….

Un peu de philosophie de bazar dans cet épisode.

0105 l'ombre de la Mort
Un suicide. Une hantise. Comment s'en débarrasser ? Pourtant, parfois, ça peut être utile. Mais Scully est sceptique.

0106 Un Fantôme dans l'ordinateur
Vous avez lu le titre de l'épisode ? Ben voilà aussi son résumé… Un immeuble "intelligent" géré par un ordinateur et un meurtre survient ! Mulder est toujours en costard-cravate. Ils savent que l'ordinateur est un tueur, mais ils continuent de prendre l'ascenseur ! Je propose de changer le titre, voici le nouveau : "Ennui mortel".

0107 Le Projet Arctique (The Thing…)
Une station polaire, plein de morts, un chien… Ça ne vous rappelle rien ?
« On n'est pas ce qu'on a l'air d'être », hein ? Mulder quitte son costard pour y aller avec Scully et une équipe scientifique.

0108 Espace
Le "visage" découvert sur Mars par Viking Orbiter (qui s'est avéré depuis comme une illusion d'optique). Le lieutenant-colonel Marcus Aurelius Belt nie son origine extraterrestre. Pourtant, autrefois, il avait eu un contact dans l'espace lors d'une mission. Il occupe une fonction importante à Houston an

centre de lancement des navettes spatiales. Or Scully et Mulder sont informés de soupçons de sabotage. Il y a l'acteur qui joue Meybourne dans SG-1.

Intéressants reportages de décollage de la navette. Quel suspens ! Excellent.

0109 L'Ange déchu
Crash d'un avion dans la forêt. Ils appellent l'engin "un ange déchu".

Mulder se fait toujours piquer ses pellicules photo et il n'a plus de preuves. Et il perd deux plombages de dent en recevant un coup de crosse au visage. Scully toujours sceptique. Je me demande si je dois le répéter à chaque épisode… On retrouve le même site que dans SG-1… La planète des… ? Me souviens plus.

0110 Eve
Une histoire de vampires ? D'extraterrestres vampires ? Et Tina la petite fille de la victime ? Elle a même un sosie. Et le Dr Kendrick (une dame) faisait des expériences d'eugénisme.

Un épisode qu'on n'oublie pas de sitôt. Dans lequel on parle déjà des super soldats, thème développé dans les 8e et 9e saisons…

0111 L'incendiaire
Il vous fait brûler vif rien qu'en vous regardant de son regard intense. Pratique parfois…

Mulder retrouve une ancienne copine, mais il a peur du feu, une vieille phobie…

0112 Le Message
Scully et son père (joué par l'acteur Don S. Davis qui interprète le général Hammond dans SG-1). La jeune-femme reçoit un "message" (une vision de son père) qui annonce sa mort. Un jeune gars se fait descendre la nuit à côté de sa voiture.
Je n'aime pas les histoires de tueur en série.
Pour une fois, c'est Mulder le sceptique, alors que Scully, elle, y croit.
Très pénible cet épisode.

0113 Masculin-féminin
Une femme ensorcelle un homme qui meurt après l'amour et la femme devient homme... Et puis ces cas se multiplient et une secte, "les âmes sœurs, refusent le monde moderne. Bof...

0114 Lazare
Attaque de banque. Le bandit est tué et le flic aussi. (ça ressemble à une chanson...) Et il y a inversion de personnalité. L'esprit du voyou habite le corps du flic qui a été ramené à la vie. A part cet aspect ésotérique, nous avons affaire à un petit roman noir. Scully, ultra naïve... Te raconte pas d'histoires Scully !
Si vous aimez le polar de série Z. C'en est un. Un hommage ou un ratage ?

0115 Vengeance d'outre-tombe
Expériences médicales dans un pénitencier. Un détenu mort en prison semble être revenu pour attaquer une bijouterie et prendre une vendeuse en otage. Mulder a la cote avec la graphologue. L'arrestation de

ce détenu avait mal tourné à cause d'une maladresse de Mulder.

À part l'aspect ésotérique cette fois l'épisode est, cette fois, de série B. Un progrès.

0116 Entité biologique extraterrestre

Un avion irakien intercepte un OVNI. Comme d'habitude Scully est sceptique quand un OVNI est aperçu dans le Tennessee… Première apparition des quatre chasseurs d'OVNI. Mulder ne fait pas encore de croix sur sa fenêtre avec du papier collant. Le signal est une lampe qui émet une lumière bleue. Discussion sur la fidélité de "gorge profonde" qu'on voit presqu'à chaque épisode depuis le début.

Mulder et Scully sont très étroitement surveillés. Un camion transporte un vaisseau extraterrestre en pièces détachées. Enfin, c'est ce qu'ils croient… On saura pourquoi "gorge profonde" aide Mulder.

0117 L'Église des miracles

Un jeune garçon réveille un mort. Quelques années plus tard, Mulder et Scully enquêtent sur le phénomène. Le jeune-homme qui ressuscite les morts (Samuel) est accusé de meurtre d'une "patiente". Il "voit" la souffrance de Mulder d'avoir perdu sa sœur. Eh oh le scénariste, c'est trop facile ça ! On assiste à une invasion de sauterelles dans la salle d'audience (Cf L'Apocalypse).

Devinez quoi ? Scully n'y croit pas !

Première autopsie pratiquée par Scully qui en réalisera bien d'autres par la suite.

0118 Métamorphoses
Une histoire de loup-garou dans le Montana. Vous savez, quand on est mordu par un loup-garou on devient… Dans les légendes indiennes c'est pareil ?
Pas mal.

0119 Quand vient la nuit
Dans la forêt, quand la nuit tombe, des nuées de sales bestioles attaquent les bûcherons qui fuient.
Super !

0120 Le Retour de Tooms
Vous vous souvenez de Tooms, l'homme en caoutchouc…Il est de retour. Son mets favori est le foie humain. Fallait pas le libérer contre l'avis de Mulder.

0121 Renaissance
Elle donne froid dans le dos la petite Michelle : le flic qui a tenté de savoir qui elle est s'est jeté par la fenêtre ! Encore un polar ésotérique. (Il manquait plus que la girafe dans l'arche de Noë)

0122 Roland
Des essais sur un moteur d'avion et un balayeur, semble-t-il, débile : Roland.
Mais il ne s'avérera pas aussi débile qu'il en a l'air… Il fait même des trucs bizarres qui conduisent à la mort horrible d'un chercheur. Et puis il en tue un autre.
Horrible. Très excitant. En plus c'est de la vraie SF !

0123 Les Hybrides

"Trust no One" au générique au lieu de "la vérité est ailleurs"…

Un type quasi invulnérable est poursuivi par la police. Il a du sang vert !

Un chercheur en génétique est assassiné. Le type au sang vert émet un gaz toxique quand on lui perce les poumons. De la super SF avec hybridation homme-ET ? Il faut trouver le moyen de sauver Mulder. C'est la fin de "gorge profonde"… 11 H 22 sur le réveil de Scully. On entend parler de Skinner et c'est aussi la fin du service des affaires non classées. Mais ça ne sera que partie remise, bien sûr !

La deuxième saison (1994-1995)
Mr X et Krycek

0201 Les Petits hommes verts
Mulder nous fait un petit cours sur les extraterrestres : « Nous voulions croire ! » et sur le projet SETI (vous savez ceux qui "écoutent" l'espace pour savoir si des extraterrestres envoient des messages…)

Il fait une petite visite à l'observatoire de Porto Rico (Arecibo).

Enfin, cet épisode voit l'arrivée de Skinner. Ce pauvre Mulder voit beaucoup de choses, mais n'a jamais de preuve. On reste toujours sur sa faim avec ces épisodes. Mais on continue quand même à regarder !

0202 L'Hôte
Dans les égouts il y a une créature qui descend de la douve du foie. Très effrayante !

0203 Mauvais sang
Un portier se fait licencier. Il voit des messages dans les appareils électroniques : « Kill ! »

Mulder est appelé après un massacre… le message semble faire son effet : « Tue-les tous ! »

La cause de cette folie ? Un pesticide !

0204 Insomnies
Le FEU ! Terrifiant (Avec l'acteur qui joue Candyman), mais… seulement terrifiant et pas réel. Et les X-files fermés. Alors qu'est-ce qu'ils foutent ?

Et puis voilà Alex Krycek qu'on reverra souvent jusqu'à ce que Skinner l'abatte d'une balle dans la tête (saison 8 ou 9 je ne sais plus…) Le personnage le plus intéressant de la série en dehors de Mulder et Scully, bien sûr…

On nous fatigue encore avec la guerre du Vietnam (qui s'est terminée il y a 24 ans !)

Un autre nouveau personnage apparaît aussi : Mr X…

Ils ont de superbes lampes de poche…

0205 Duane Barry 1

Le dénommé Duane Barry reçoit la visite d'extraterrestres. Mais que lui font-ils ?

A part ça, on s'ennuie avec une prise d'otages…

0206 Duane Barry 2

"Deny Everything" au générique à la place de "La vérité est ailleurs »…

Duane Barry a enlevé Scully. Très ennuyeux : l'enlèvement, mais aussi l'épisode.

Quelle merde ! L'actrice étant enceinte, elle doit prendre un congé maternité…

0207 Les Vampires

Épisode sans Scully enlevée par les extraterrestres dans l'épisode précédent. C'est pratique pour mettre en congé la comédienne.

Bon ! Voyons voir : Mulder chasse les vampires. De bien jolies vampires. Excellent !

Les X-files ont ouvert dans l'épisode précédent. Il y a de nouveau l'acteur qui joue Maybourne dans SG-1.

0208 Coma

Souvenirs sur Dana racontés par sa mère. Tout cela est d'un pleurnichard...

On retrouve Scully dans la comma à l'hôpital. Mais qui l'a amenée ?

Ça y est, Mulder commence à coller un "X" en ruvb=ban collant sur la vitre de sa fenêtre pour appeler Mr X.

Le reste : abracadabrantesque. Autrement on fait la connaissance de Melissa, la sœur de Scully.

0209 Intraterrestres

Une équipe de chercheurs dans le ventre d'un volcan : ça brûle ! Scully est de retour : on peut passer aux choses sérieuses. Une nouvelle forme de vie à base de silicium (au lieu du carbone pour nous) contamine les humains.

0210 Musée rouge

Un abattoir, un voyeur observe la femme qui y travaille à travers la glace de sa salle de bain qu'il a aménagée pour la voir sans être vu.

Son fils aîné est appelé au téléphone, disparaît et réapparaît nu avec une inscription sur le dos : « "Il en est un ".

Une liste à la Prévert ? Non. Il y a un lien entre tout ça. C'est incroyable les conséquences de l'élevage aidé par les hormones.

Il y a aussi le tueur de l'épisode de la mort de "gorge profonde".

0211 Excelsis Dei
La délicieuse Teryl Rothery qui joue le Dr Fraiser dans SG-1 interprète une infirmière qui travaille dans une maison de retraite dans laquelle elle va être violée ! Il va se passer bien des choses dans cet établissement à cause des… champignons que cultive le concierge dans la cave.

0212 Aubrey
Le titre de cet épisode est le nom d'une petite ville.

Un meurtre, la cadavre enterré, une femme qui le déterre des années plus tard. On est dans X-files ou dans Millennium ? D'ailleurs il y a l'acteur qui joue le méchant dans Millennium[2]. On retrouvera d'ailleurs le même acteur dans la 9e saison à propos des super soldats…

0213 Le Fétichiste
Carter se croit encore dans la série Millennium : un détraqué sexuel tue. Qu'est-ce qu'on s'ennuie.

0214 La main de l'enfer
Dans un établissement religieux, on entend des prières sataniques prononcées en allemand. Et on commence presqu'à s'ennuyer quand des jeunes ados

---

[2] **MillenniuM** est une **série télévisée** américaine en 67 épisodes de 43 minutes, créée par Chris Carter et diffusée entre le 25 octobre 1996 et le 21 mai 1999

se font agresser dans la forêt lors d'un cérémonial satanique, prétexte à une bonne drague, jusqu'au moment où il pleut des crapauds...

Il y a même ,une vraie sorcière ! Si ! Brrrhhh...

0215 Mystère vaudou

Malédiction vaudou dans un centre de rétention pour immigrés (haïtiens). Si on enlève le discours "humaniste" sur la condition d'immigré, ça peut passer. Il est vrai que selon cette "idéologie", les Noirs sont bons, seuls quelques Blancs sont méchants. C'est simple non ? Il y a même un zombie (un Blanc, bien sûr, tous des descendants d'esclavagistes ces Blancs). Quant au numéro du petit garçon Noir dont le personnage se veut sympathique, c'est plutôt éculé.

0216 et 0217 La Colonie 1 et 2

On revient à l'enlèvement de la sœur de Mulder et Mulder revient de la banquise dans un sal état.

En effet, un OVNI tombe en Arctique avec un pilote... vous savez le type qui a du sang vert. Ce dernier exécute un médecin, vous savez, avec ce poinçon rétractable. Ce médecin a aussi du sang vert.

Et ce pauvre Mulder accumule les ennuis, comme d'habitude dans ces histoires de la "mythologie" comme les appelle Carter.

Mulder et Scully apprennent que les Soviétiques ont créé des clones qui sont assassinés un par un par l'homme au sang vert. On fait la connaissance de papa et maman Mulder et de sa sœur. 5Bien plus tard dans la série, Mulder apprendra qu'il a un demi-frère).

Scully et Mulder n'arrivent pas à se joindre au téléphone. 11 H 21 sur le réveil de Scully à l'hôtel…
Deuxième partie.
Un acteur de SG1 joue le rôle de l'opérateur radar du sous-marin. 12 H 38 au réveil de Mulder. La colonie de "clones" fuit le tueur. La sœur de Mulder tente de le convaincre (mais de quoi ?). Le numéro de Mulder et son père sur la nouvelle disparition de Samantha (la sœur) sont grotesques.
Grosse surprise ! Mulder retrouve sa sœur ! Encore ?! J'adore la scène du sous-marin pris dans la glace.
Vive la science ! Hein Scully ?

0218 Parole de singe
Un éléphant ça trompe énormément, surtout quand il est invisible ! L'espèce humaine ? Des impérialistes !

0219 Le Vaisseau fantôme
Vraiment pas bonne mine ces naufragés. Une mine de déterré. On reparle de l'expérience de Philadelphie. « Des gouffres temporels ! » Dit Mulder. Ah ! Le temps qui passe. Juste une question de radicaux libres. Pour trouver la solution : suivez le tuyau…

0220 Faux frères siamois
Superbe épisode, un hommage appuyé au film "Freaks" de Tod Browning. Ça se passe dans un cirque (of course !) de monstres. Délicieusement macabre, fascinant humour noir. Et des meurtres hor-

ribles. On soupçonne tout le monde. Le meilleur épisode de X-files !

0221 Les Calusaris
Ces scénaristes qui tuent des enfants !
Épisode avec l'acteur qui joue le Dr Lee dans SG-1 (oui je sais j'insiste sur le mélange des productions canadiennes…)
Une vieille sorcière dans une famille roumaine où un petit enfant a été assassiné. Gare aux fausses pistes. Encore du Millennium. Sacré Carter !

0222 Emasculata
Une méchante firme pharmaceutique (vous savez, ces multinationales ignobles) est responsable d'une épidémie. Une maladie ignoble, dégueulasse. Horrible.
J'aime pas ces histoires d'épidémies, c'est dégoûtant !

0223 Ombre mortelle
Ce type tue avec son ombre ! Et Scully dit : « Je t'en prie, pas une seule théorie scientifique ne corrobore ça… » C'est un peu comme Lavoisier, le plus grand savant de l'histoire des sciences qui avait déclaré : « Les pierres ne peuvent pas tomber du ciel, car il n'y a pas de pierres dans le ciel ! » Je cite de mémoire hein !
Heureusement que Mulder repère les ampoules électriques dévissées et Scully finit par parler de chromodynamique quantique (à l'époque du tournage, les quarks n'avaient pas encore une existence avérée.

Les quarks sont des constituants des hadrons, comme le proton ou le neutron, et d'autres aussi…)

0224 Une Petite ville tranquille
Élevage de poulets Creuzfeld-Jacob…

Faut jamais suivre une belle nymphe dans les bois. Ils ne mangent pas que du poulet dans ce petit village… Excellent épisode.

0225 Anasazi
Vous avez vu ? C'est sans fin cette saison : 25 épisodes !

Ah, ces braves Indiens sont toujours meilleurs que les autres. Et ils font une découverte… extraterrestre.

Mulder pète un câble. On retrouve même Krycek qui tue le père de Mulder.

To be continued.

La troisième saison (1995-1996)
La "mythologie" prend de l'épaisseur, tellement épaisse qu'on n'y voit plus clair…

0301 Le Chemin de la bénédiction
La suite du précédent…

Mulder a disparu et Scully est sanctionnée pour faute. L'homme à la cigarette cherche fébrilement Mulder et la cassette des fichiers sur les ET. Scully pleurniche dans les bras de sa mère. J'oserais quand même faire une remarque : cette série n'est pas très féministe, c'est toujours Scully qui se fait enlever, et qui est maladroite…

« Bande de salopards, ce sont tous des rats ! » Déclare Frihike (le petit de la bande des quatre).

On nous saoule avec des rituels indiens qui nous font bâiller.

Scully trouve un petit objet sous la peau dans sa nuque : une espèce de puce.

« La meilleure façon de prédire le futur est de l'inventer. » À part ça pourquoi le scénariste Chris Carter se débarrasse-t-il de la délicieuse Melissa ?

To be continued, encore !

0302 Opération presse-papiers
La suite du précédent…

Ça commence par la naissance d'un bison blanc et une litanie ennuyeuse du Navajo. Une mine désaffectée pleine de Dossiers et une collusion évidente entre les extraterrestres et la CIA.

On ne parviendra pas à savoir ce qu'il y a dans cette cassette.

Pourquoi Chris Carter ne nous le dit pas ?

0303 Coup de foudre
Un jeune garçon attire la foudre et profite de son pouvoir pour essayer de sauter une jolie blonde.

0304 Voyance par procuration
Un tueur en série à l'air débile assassine une voyante et sera découvert par un vrai voyant... Excellent ! Nonobstant que je n'aime pas les histoires de tueurs en série, il y en a trop dans cette série !

0305 La Liste
Une condamnation à mort va être exécutée. Bon, et l'esprit du mort va se venger. Il y a des mouches aussi.

Sacré Carter, Millennium lui manque toujours...

0306 Meurtre sur Internet
Encore un tueur en série, celui-là a des méthodes spéciales... C'est qu'il a des besoins particuliers, particulièrement horribles... Il aime les femmes grosses.

0307 Corps astral
Un officier de l'armée tente de se suicider plusieurs fois sans y parvenir. Quelque chose « ne le laisse pas mourir »...Excellent.

Le responsable de cette douloureuse situation n'a plus ni bras ni jambes. Il se venge.

Épisode avec l'acteur qui joue l'ET dans l'épisode de SG-1 intitulé *Xtrem-Wormhole*, et qui jouer aussi dans un autre épisode de X-Files...

0308 Souvenir d'oubliette

Non ! Ça suffit les tueurs en série, surtout ici, un pédophile. Ras-le-bol !

<u>*03069 et 0310 Monstres d'utilité publique 1 et 2*</u>

Nous replongeons dans la "mythologie" avec Chris Carter. Un wagon82594 : que s'y passe-t-il ? Il contient un laboratoire, une salle de chirurgie et des Japonais qui dissèquent un corps au sang vert. Des soldats de la Garde nationale surgissent et tuent tout le monde.

Fin du prologue, musique générique...

Et quelqu'un a capté la scène par satellite... Nooon.. ?? Si ! Mais j'adooore...

Scully est recrutée par une confrérie de femmes enlevées par les ET. Elles sont très malades.

Le numéro du wagon devient 82517. Une erreur de script ou c'en est un autre ? Il semble que oui.

Scully se souvient qu'elle a subi des expériences par les Japonais lors de son enlèvement.

Superbe la dernière scène du train.

Partie 2.

Exécution sommaire de pensionnaires en pyjama. Ils ont une drôle de tête. Scully cherche toujours à savoir à quoi sert la puce implantée sous la peau de sa nuque. Mulder est dans le train.

La puce de Scully a été fabriquée au Japon. Des infos conduisent Scully dans cette pension où ont été exécutés des gens en pyjama. Le train contient une créature curieuse. Y a-t-il une bombe dans ce train ? Mais comment faire la part de la vérité et du mensonge ?

J'adore les histoires de train, de wagons qu'on déconnecte du reste du train. On est sur la voie (ah ah ah) des super soldats. Extraterrestres pour dissimuler une autre vérité ?

0311 Révélations
« Un miracle n'a aucune logique. » Déclare le révérend à ses ouailles et le sang coule de ses mains. C'est une supercherie qui va lui coûter la vie. Mais il y a des faux et des vrais stigmates. Le diable veille sur ces manifestations. Il poursuit le petit Kevin dont les mains saignent.

Scully fait une petite crise mystique et Mulder en rigole.

0312 La Guerre des coprophages
Il y a de nouveau l'acteur qui joue le Dr Lee dans SG-1.

Ils confondent cancrelats et cafards. C'est de ces derniers qu'il s'agit. Donc une histoire de cafards. Tout est finalement question d'imagination. C'est fou ce qu'elle peut faire ! C'est horrible quand même.

0313 Âmes damnées
Deux vierges blondes très, très sataniques. Mais elles ont l'air si innocentes.

Le flic local est une belle blonde qui tape dans l'œil de Mulder. Scully est jalouse.

0314 Le Visage de l'horreur
Un tueur en série. C'est très très horrible comme le titre de l'épisode l'indique clairement.

0315 et 0316 L'épave 1 et Huile noire 2
Écrit pas Chris Carter, donc la mythologie !
Ah voilà cette bonne vieille huile noire. Ce machin se faufile partout, même à travers un scaphandre de très grande profondeur. Ce qui est bien quand ce machin vous infecte, c'est que ça vous immunise contre tout. Mais… vous n'êtes plus vous-même.

Pourquoi tout le monde cherche cette "bombe atomique" tombée au fond de l'océan ?
Partie 2.

On découvre Mulder père et l'homme à la cigarette en 1953 quand, déjà, la marine US était partie chercher cette "bombe". Il est de nouveau question de la cassette des 0225 et 0301…

La "bombe" au fond de l'océan s'avère bien être un OVNI. Il y a Krycek aussi. Ne vous inquiétez pas, il finit toujours par s'en sortir.

0317 Autosuggestion
Ce type peut vous faire faire n'importe quoi contre votre volonté. On le reverra dans un prochain épisode…

0318 Malédiction
Un machin inca apporte la malédiction. Il y a de nouveau l'acteur qui joue Maybourne dans SG-1 (un très bon acteur). Après quelques morts horribles, on envoie l'urne inca où on l'a trouvée. Ce n'était pas la

peine de se donner tout ce mal. Entre temps il y a eu une invasion de rats et de chats.

0319 La Règle du jeu
Un jeu clandestin très cruel dans la communauté chinoise : celui qui perd fait don de son corps.

0320 Le Seigneur du Magma
Très amusant cet épisode d'autodérision. Excellent ! Une vraie fausse histoire d'enlèvements extra-terrestres, avec toute la mythologie qui va avec, y compris l'autopsie d'un ET.

0321 La Visite
Ah ! Voici enfin l'épisode avec Amanda Tapping dont l'essentiel du rôle consiste à se faire autopsier par Scully. Skinner doit divorcer, mais, il hésite et rencontre une belle blonde et il la retrouve morte dans son lit le lendemain matin. A-t-il été "visité" par un succube ? Skinner voit des femmes en rouge. Est-ce que les problèmes de Skinner avec sa femme peuvent nous intéresser ?

En fait, c'est un complot contre le service des X-files. Quant au portrait du conducteur tiré de l'airbag de la voiture, on a du mal à y croire. ET comme d'habitude, on en sait moins à la fin qu'au début ! On est masochistes, nous les fans de X-Files !

0322 Les Dents du lac
C'est pas la peine de regarder l'épisode, avec le titre vous avez tout compris.

En fait on se détend un peu avec de l'humour. De l'humour noir.

Quel est ce monstre qui dévore les gens ? Malheureusement, le petit chien de Scully sera mangé. Scully est-elle le genre de femme à avoir un petit chien ???? Finalement Mulder a raison : il y a bien un monstre !

0323 Hallucinations
La terre qui redonne la vie aux morts.[3]

Enfin, c'est ce que croit le type qu'ils ont arrêté. (Encore un acteur de SG-1 qui joue ici le rôle d'un docteur)

Il est aussi question des crimes de guerre commis en Yougoslavie vus à la télévision. Il semblerait que la vision de ces reportages engendre des hallucinations… Même Scully en est victime.

En fait, il y a un "bidule" branché sur le câble de télévision qui envoie un signal à l'origine des hallucinations qui engendrent des meurtres. Il y en a eu plusieurs.

0324 Anagramme
Écrit par Chris Carter. Donc : mythologie !

Serait-on revenu à la série *Les Envahisseurs* ? Non ! C'est juste l'acteur qui jouait David Vincent, le héros de cette série : Roy Thinnes… Wouha ! Ici il joue le rôle de… Dieu ?

Quels furent les liens, autrefois, entre l'homme à la cigarette et la mère de Mulder ?

C'est pour quand la colonisation ?

---

[3] La première scène se déroule dans une culture de noisetiers que l'on reverra dans un prochain épisode…

La quatrième saison (1996-1997)

La mythologie s'enlise, mais bientôt le film !

0401 Tout ne doit pas mourir
On était resté sur Un employé des télécoms meurt après une piqûre d'abeille. Une abeille tueuse... ça ne vous dit rien ? X-Files le film, bien sûr ! Déjà. Sans parler du programme d'éradication de la variole. Tout cela pour "cataloguer, étiqueter, inventorier" chaque citoyen ! Mulder pleurniche. L'Équation est invraisemblable.

0402 La Meute
Une "famille" incestueuse et dégénérée sous la coupe de la mère aussi autoritaire qu'handicapée...

0403 Teliko
Une sale maladie qui ne touche que les Noirs et qui les rend... Blancs !

0404 Les Hurleurs
Quelle merde cet épisode !
Encore une histoire de serial-killer. Lassant... Mais, ici, une originalité quand même : quand vous allez être une victime, avant de l'être, si on vous prend en photo, vous hurlez sur la photo ! C'est "Unruhe" comme disent les Allemands.

0405 Le Pré où je suis mort
Élucubrations métaphysiques de Mulder sur le temps qui passe. Encore une histoire de secte.

0406 Sanguinarium

Très très gore. Des chirurgiens ensorcelés exécutent leur patient de manière atroce.

0407 L'homme à la cigarette

Ses forces, ses faiblesses. C'est incroyable ce que cet homme fume ! Il paraît que l'acteur avait arrêté de fumer et qu'il a été obligé de s'y remettre.

Il espionne Mulder, Scully et les quatre...

Frokike a reconstitué l'histoire de l'homme à, la cigarette et il a peur. On n'a qu'à regarder sa vie, son œuvre et celle du père de Mulder. On apprend comment l'angoisse l'a amené à fumer.

Vous ne saviez pas ? C'est l'homme à la cigarette qui a tué JFK et même Luther King !

Il avait écrit un roman. Enfin, on nous explique clairement qu'il y a des trucs faux répandus pour cacher des trucs vrais... C'est un procédé malin de scénariste pour compliquer les choses.

0408 et 0409 Tunguska 1 et 2

Tunguska se trouve en Sibérie. C'est là qu'au début du vingtième siècle le 13 juin 1908) un astéroïde s'est écrasé et a détruit la région. Ici on épouse la thèse du crash d'un OVNI. Les Russes exploitent les lieux et traitent les prisonniers à l'huile noire. Krycek est dans le coup et se fait même couper le bras. Les douaniers sont particulièrement cons à Honolulu.

On revoit aussi la belle blonde de l'ONU. On ne comprend pas bien pourquoi Mulder se rabaisse à ces violences contre Krycek. On se demande pourquoi Krycek se laisse faire.

Le "traitement" des prisonniers est terrifiant. Dans un goulag hyper militarisé, Mulder réussit à voler un camion ! N'importe quoi. Et ne parlons pas du vieux tueur russe qui s'introduit pourtant comme s'il était chez lui. Et cette pauvre Scully qui se fait piquer son arme, une fois de plus.

0410 Coeur de tissu
Encore une histoire de pédophile serial-killer. Le fait que la sœur de Mulder soit dans le coup n'ajoute aucun intérêt, sauf que certains enfants échappent à la mort on ne sait pourquoi.

Mulder a quitté son costard : un tournant dans la série ?

0411 El Chupacabra
Dans un camp de migrants, il se passe des choses terribles dues à "El Chupacabra", ou à des extraterrestres ?

0412 Régénération
Léonard bouffe les cellules cancéreuses des malades… C'est sa nourriture et ça régénère ses cellules à lui ! (Le Dr Lee de SG-1 est de nouveau là !)

Dans le domaine des innombrables invraisemblances de cette série, pourquoi le vigile abandonne Léonard même menotté à une voiture ? Ce Léonard détecte les cancers : il va en détecter un chez Scully. Une fois de plus cette pauvre Scully se fait piquer son arme. Vous ne croyez pas qu'ils exagèrent un peu ?

0413 Plus Jamais
Un type récemment divorcé se fait faire un tatouage avec une belle fille et l'inscription "plus jamais". Ce tatouage est démoniaque, possessif. Scully, elle, n'a plus le goût de vivre.

0414 Journal de mort
On va s'ennuyer : la voix de Scully fait de la poésie philosophique. Elle a bien diagnostiqué un cancer. Cette maladie est la conséquence de son implant réalisé lors de son enlèvement par les ET. Finalement on ne s'ennuie pas. C'est la voix off de Scully qui ennuie.

0415 La prière des morts
Une adaptation, ma foi assez réussie du Golem.

0416 L'homme invisible
Un homme tente d'assassiner un général avec une arme à feu et disparaît comme par enchantement. Il fait partie d'un groupe intitulé "la main droite" qui signe ses assassinats avec une carte à jouer dont le dos est illustré d'une tête de mort. Une espèce d'hommage au film *Apocalypse Now*. On a droit au couplet anti militariste habituel de la série. Assez facile d'ailleurs.

Ce qui est ennuyeux dans ce genre d'épisode, c'est qu'on nous montre en fin d'épisode la même scène que pour le prologue.

0417 et 0418 Tempus Fugit 1 et 2
Un avion de transport de passagers croise un OVNI. Autrement c'est l'anniversaire de Scully !

Le vol 549 s'est écrasé. La reconstitution du site du crash est impressionnante, encore qu'un peu invraisemblable, car trop exiguë. À chaque endroit où est trouvé un reste humain, un petit drapeau couleur est planté. Le sympathique agent Pendrell qui faisait de la police scientifique pour Scully et un peu amoureux d'elle se fait descendre par erreur. Zut !

Partie 2.

Mulder fait de la plongée pour retrouver l'OVNI qui s'est crashé dans un lac. L'agent du FNI se fait happer !

L'armée de l'air avoue qu'elle est responsable du crash. Mais Mulder a reconstitué les événements tels qu'ils se sont déroulés.

0419 Aux frontières du jamais

Voyages dans le temps et congélations. Excellent scénario. Avec même auto combustion spontanée. Le côté un peu lourd de cet épisode est la lourdeur... de Scully.

0420 La Guerre du diable

Des enfants naissent avec... une queue. On parle de père extraterrestre. Encore "lourde" Scully ? Pas sûr... (Un acteur qui joue dans Stargate Atlantis le docteur Beckett).

Mulder a son double. C'est très ennuyeux ces gens qui peuvent prendre la forme de n'importe qui. Ce que je n'arrive pas à comprendre, c'est qu'ils imitent même la voix.

Malheureusement, le scénario tourne en eau de boudin.

Enfin, on apprend que Mulder a besoin d'avoir un double pour séduire Scully. C'est con, non ?

0421 Nid d'abeille
Un épisode sans Scully.

Il est très dangereux de fumer aux toilettes. Et Skinner : que fait-il ? C'est quoi ces abeilles ? Skinner efface toutes les traces et jette même le cadavre dans une chaudière. Il est pieds et poings liés par son accord avec l'homme à la cigarette pour sauver Scully. Un peu grotesque non ? Un directeur adjoint du FBI assez bête pour se laisser embarquer dans une telle histoire ?

0422 Amour fou
Scully est de retour et elle saigne toujours du nez.

Un serial-quillier (beurk !) et des morts annoncées grâce à un autiste (encore !)

Horrible.

Scully hésite toujours entre consulter un psy ou un prêtre.

Mulder doit avoir de sacrées notes de teinturier à voir comment il se traîne dans des endroits incroyables avec costard, cravate et imperméable.

Les acteurs sont formidables, l'épisode excellent.

0423 Crime de mémoire
Prologue : quand les parents de Mulder ont décidé de sacrifier Samantha.

Après ce rêve Mulder se retrouve couvert de sang dans un motel à Providence (la ville de Lovecraft). Appelée au secours, Scully mène m'enquête sur les deux jours d'absence de Mulder. (Avec un acteur de SG-1, celui qui y joue Kawalski).

Deux corps sont retrouvés visiblement assassinés par des balles du pistolet de Mulder. Ce dernier découvre dans sa mémoire le souvenir de l'homme à la cigarette dans sa famille quand il était enfant.

0424 Le Baiser de Judas

"Believe the Lie" au lieu de "la vérité est ailleurs"…

Un symposium sur les extraterrestres. On nous montre différents savants tel Carl Sagan dans un habile montage. L'épisode fait le point sur la série et Scully semble renier Mulder. Chris Carter nous refait le coup de l'extraterrestre congelé et aussi des problèmes spirituels de Scully face à sa maladie. Il nous refait aussi le coup de l'autopsie d'un extraterrestre. Scully se laisse intoxiquer (vous n'avez pas remarqué, c'est toujours elle le maillon faible, un peu misogyne non cette série ?)

Et Mulder est mort ???? Ah ! Les coquins ! Vivement l'épisode 0501 !

La cinquième saison (1997-1998)
Toute cette saison est entièrement tournée (au sens propre comme au sens figuré) pour servir la sortie du film...

0501 Le Complot
Vous vous souvenez ? « *L'agent Mulder est mort la nuit dernière.* » Déclarait Scully. Aller ! On le sait bien que ce n'est pas vrai... Mulder déprimait... S'est-il suicidé ? Mais non. « *C'est grâce au mensonge que la vérité pourra éclater »,* déclare Mulder. Les extraterrestres, Roswell, les soucoupes volantes : tout ça était de l'intox de l'armée américaine. Mais le téléspectateur n'en croit pas un mot. Manière comme une autre de le rendre complice de la série. Stupeur : Mulder découvre une véritable morgue d'extraterrestres au Pentagone ! Et Scully découvre une nouvelle forme de vie sous un microscope (c'est normal, c'est elle la scientifique). Le ton général des images est toujours aussi expressionniste. L'utilisation des sous-titres permet d'économiser les décors : il suffit de filmer n'importe quel immeuble et on le situe grâce au texte... On peut même utiliser plusieurs fois le même décor filmé dans des angles différents avec des sous-titres différents. Il y a quand même une grosse faiblesse dans le scénario de ce premier épisode de la cinquième saison : comment un simple agent chargé de surveiller Mulder porte-t-il sur lui une carte permettant l'accès libre à tous les étages du Pentagone ?

0502 La Voie de la vérité

Une puce électronique cachée dans de l'eau déminéralisée avait échappé à la vigilance de Mulder ! Elle sauvera la vie de Scully. (Comment ? Cherchez pas à comprendre !) Mulder rencontre sa sœur. (Encore !) Mais elle s'en va... Ils donnent des coups de fil, on voit Skinner à la télé au Sénat, une arme démontée en gros plan, on la remonte, on vise Mulder, Non... l'homme à la cigarette. Non... Mulder. Bon ! il ne tire pas... Plus tard, c'est l'homme à la cigarette qui est tué par ce tireur. Stupéfaction, non ? Enfin, Scully est sauvée, c'est l'essentiel. Cherchez pas à comprendre le reste...

05036 Détour

Comme par hasard, Mulder et Scully passent à proximité d'une vaste forêt de la Floride du nord dans laquelle vivent deux drôles de monstres... On a droit à un extrait de *L'homme invisible* (1933) de James Whale (film que regarde un enfant à la télévision). « *La forêt a peut-être l'intention de se défendre...* », déclare Mulder. Tout le monde a peur la nuit dans la forêt, même quand Scully chante : « *Il descend de la montagne à cheval...* » Comme un excellent film gothique, la forêt est filmée telle une cathédrale ! « *Ad noctum* ». Méfiez-vous quand vous entrez dans une forêt... ou une cathédrale !

0504 Prométhée Post Moderne

Voilà un épisode génial. Le meilleur jusqu'à présent de tous les épisodes des cinq saisons. Tourné en noir et blanc, avec une mise en scène, un cadrage, des objectifs et un montage qui évoquent les fameux films de terreur en noir et blanc des années trente aux années cinquante. Des hommages à la pelle aux films suivants : *Frankenstein* (1931) et *La Fiancée de Frankenstein* (1935) de James Whale – avec notamment la poursuite de la foule avec des torches (en plein dans les années quatre-vingt-dix !) en quête de lynchage du "monstre" – *Tarantula* (1955) de Jack Arnold – avec les expériences "scientifiques" qui aboutissent à la monstruosité – *Le Village des damnés* (1960) de Wolf Rilla – avec la fécondation mystérieuse des femmes – *Freaks* (1932) de Tod Browning – avec la galerie des monstres – *Elephant man* (1980) film en noir et blanc de David Lynch – pour le monstre lui-même... La femme du Dr Polidori[*] (!) s'appelle Elisabeth, comme la femme du docteur Frankenstein, qui s'avère être aussi sa sœur de lait... Chaque plan est un hommage !

L'humanisme de ce film rassemble tous les sentiments humains des films auxquels il rend hommage.

— *Pourquoi faites-vous cela ?*
— *Parce que je sais le faire !*

Ce dialogue se trouve deux fois dans le film : une fois c'est Mulder (je crois) qui le demande au docteur Polidori qui lui répond, et ensuite, c'est le

---

[*] Le docteur Polidori était le secrétaire de lord Byron. Il se trouvait avec son employeur, Mary Shelley et son mari réunis un soir de l'été 1816 au cours duquel ils parièrent qu'ils écriraient « chacun une histoire de fantôme ». De ce pari est né le roman « Frankenstein, le Prométhée moderne » de Mary Shelley. Polidori écrivit ensuite un roman « Vampire » qui le rendit célèbre. Il avait « emprunté » cette histoire à lord Byron qui l'avait commencée et ne l'avait jamais terminée. Polidori n'aimait pas lord Byron...

docteur lui-même qui pose la même question à son père qui lui fait la même réponse. On pourrait également poser cette question à Chris Carter à propos de son film... *« Tu as été fait par erreur ! »* Déclare le Dr Polidori au monstre... Il est donc impossible de recommencer...

0505 et 0506 Emily 1 et 2.

C'est une histoire de famille. Il y a beaucoup d'histoires de famille dans ces épisodes de X-Files... Cette fois c'est normal puisque c'est Noël. Un téléphone sonne et une voix : *« Elle a besoin de toi... »* Scully croit reconnaître la voix de sa sœur Melissa... morte depuis un lointain épisode (le deuxième de la troisième saison pour être exact). En fin de compte, la petite fille de la femme « suicidée » de l'appartement de laquelle le coup de fil était parti ressemble à la sœur de Scully comme une goutte d'eau à une autre. Scully (l'actrice joue toujours aussi bien) a l'air de péter les plombs avec tous ces coups de fil. Elle réalise quand même une autopsie ; elle croit que la petite fille est celle de sa sœur. Mais non ! C'est sa fille à elle ! Emily est née d'une mère porteuse. Est-elle un monstre ? Ce premier épisode d'*Emily* tente-t-il de donner une explication rationnelle au fait que Scully et Mulder ne couchent pas ensemble ?

Fox apparaît dans le deuxième épisode.

« Ça commence là où ça finit... dans le néant » Rêve Scully. *« Je crois qu'elle a été conçue pour servir un projet »*, déclare Mulder. *« Tu as raison, cette enfant n'était pas destinée à vivre »*, répond Scully. Nous voilà revenus une saison en arrière, avec les mêmes personnages et on s'ennuie. La Vierge et

l'Enfant Jésus n'empêchent pas au mystère de rester entier. De quel spectateur se moque-t-on ?

0507 Kitsunegari.
Ça veut dire *« mort au renard »* en japonais. Soit : *« Fox murder ! »* Ah ! Ah ! Ah !

0508 Schizogonie.
On avait vu mieux avec *Psychose*. Mais comment ils font pour toujours avoir une lampe de poche sur eux ?

0509 Les Bandits solitaires.
Ou comment Mulder est devenu paranoïaque... Toujours les faisceaux lumineux dans la nuit. Une tache rouge : du sang.

« Ils sont làààà... » Elle a une drôle de tête cette jolie fille (bravo le maquilleur !)

0510 Clic mortel.
Les génies de la bricole informatique sont de nouveau là. Après leur recrutement par Mulder dans l'épisode ci-dessus, ils continuent à donner un coup de main. C'est une belle histoire d'Internet avec un virus intelligent (ou, plutôt, l'esprit humain se promenant sur la « Toile »...), avec tout : le CD, l'ordinateur et le câble optique, le monde virtuel. Et puis c'est mieux que ci-dessus, car il y a Scully cette fois... *« Au secours docteur Scully. »* Un très chouette clin d'œil d'horreur virtuelle !

0511 et 0512 Patient X (1 et 2).
Un prologue terrifiant (des voitures qui brûlent avec des gens à l'intérieur). Tout cela est bien mystérieux. Mais, patience... Ils sont tous revenus : Alex Krycek, l' « *Huile noire* », l'implant dans le cou, la belle blonde de l'ONU, ceux qui ont du sang vert. De vieilles connaissances donc. Cette fois, Mulder a l'air de ne plus y croire ! Il croit à une conspiration gouvernementale plutôt qu'aux extraterrestres. Mais le spectateur apprend, lui, qu'il y a une guerre entre extraterrestres. On veut ainsi lui faire croire qu'il en sait plus que Mulder... Il y a quelques relents de guerre froide et à la fin du premier épisode tout le monde est sur le pont ! À la fin, on n'en saura pas plus, comme d'habitude.. « *Qu'est-ce qui s'est passé ?* » Demande Scully. « *Je ne sais pas...* » Répond Mulder. Le spectateur non plus... Il y a juste l'homme à la cigarette... (Rendez-vous au film...)

0513 L'œil de l'esprit.
Il est difficile, vraiment, d'y voir clair... sauf pour Mulder !

0514 Compagnons de route.
Il s'agit des « *compagnons de route* » du parti communiste... « *Mulder ! Mulder !* » Tel est le cri poussé par un type tué par un flic à la fin du prologue. Mystérieux, non ? Inévitablement, la chasse aux communistes était trop con pour qu'elle soit vraie. Non ! En réalité elle cachait un complot qu'on avait déjà vu dans le film *Hidden*... Ainsi, on les fait passer pour des communistes ceux qui ont « *subi cette abo-*

mination... » Une terrifiante expérience ! Et Mulder ? Il fume une cigarette maintenant ?

0515 Le Shérif a les dents longues.

« *Ah ! Fait chier!* » Râle Mulder après s'être aperçu que les canines du jeune vampire dont il vient de percer le cœur avec un pieu sont fausses ! Il ne faut pas se fier aux apparences des apparences... Scully raconte à Mulder ce qu'il sait déjà (c'est pour les téléspectateurs) et Mulder à Scully. Tiens... ils n'ont pas tout à fait la même version... Enfin, ce qui fait qu'on voit deux fois la même chose. Scully réalise deux autopsies et pèse deux fois des organes sanguinolents. Les initiés ont droit aux citations de Lugosi et Bram Stoker. À part ça, on avait vu la même histoire avec *Hurlements* (1980 – Joe Dante) et *Réincarnations* (1980 – Gary Sherman), avec respectivement des loups-garous et des morts-vivants...

0516 Les Nouveaux spartiates.

Une bombe aérosol qui vous transforme en squelette sanguinolent...

0517 L'âme en peine.

Scully est catholique et fait une petite crise de mysticisme. Le diable est un rouquin, bien sûr...

0518 La Poupée.

La tyrannie des enfants vue par Stephen King.

0519 Folie à deux.
Mulder a vu un monstre... et des zombies. Scully aussi ! (On ne peut s'empêcher de penser au film *Mimic*)

0520 La Fin.
Avec plein d'extraits de dessins animés dont *Les Simpson*. Par contre, *Alerte à Malibu* « *ça vous salit l'esprit* », déclare le petit prodige. Scully est un peu jalouse... Nous, pauvres spectateurs, nous passons à un fil de la réponse à toutes les affaires classées... Le gamin est une preuve génétique, mais l'homme à la cigarette veille.
Et les X-files brûlent !...

La sixième saison (1998-1999)
« Tout le monde est persuadé que sa cause est juste. »

0601 Le Commencement.
C'est la suite de l'épisode précédent qui s'appelle *La Fin*... On y voit un lotissement américain typique comme dans *Poltergeist* ou *Edward aux mains d'argent*. On apprend que Mulder n'a pas vu *Men in black*. Le monstre se réfugie dans une centrale nucléaire et je dois dire que les installations filmées sont parfaitement fantaisistes. Il y a aussi le petit prodige de l'épisode précédent et on entend de nouveau cette déclaration de Scully à son propos : *« La seule preuve ! Notre seule chance, la dernière ! »* Lui, il dit : *« Je suis pas un enfant, je suis un cobaye »*. Il y a de nombreuses références au film (au cas où on ne l'aurait pas vu, il faudrait donc aller le voir), une petite réunion de famille de l'homme à la cigarette et son fils. Scully serait-elle jalouse ? C'est toujours aussi bien filmé et toujours aussi intéressant.

0602 Poursuite.
L'alien est-il dans l'oreille ? Vaut mieux être sourd, ou alors se diriger vers l'ouest comme les pionniers, et surtout ne pas se tromper de direction...

0603 et 0604 Zone 51 1 et 2.
Très drôle l'inversion de personnalité entre ce pauvre Mulder et un autre type. Et tout cela à cause des soucoupes volantes !

0605 Triangle ;
Écrit et réalisé par Chris Carter. Dans le triangle des Bermudes ont aperçoit Fox Mulder en uniforme de la Wehrmacht. Il y a aussi Scully en espionne et l'homme à la cigarette en uniforme de la Gestapo ! Et même Skinner. On est tout le temps surpris. Formidable ! Fox embrasse le sosie de Scully sur la bouche et dit à Scully, à la fin :
— *Je t'aime Scully...*
— *D'accooord...* Répond-elle en fuyant !

0606 Les Amants Maudits.
Également écrit et réalisé par Chris Carter. *« Trois doubles meurtres en quatre-vingts ans et tous la nuit de Noël ».* Dans une maison hantée et maudite. D'ailleurs, Fox et Dana trouvent leur cadavre desséché sous le plancher. Une maison labyrinthe, un fantôme psychiatre, une psychanalyse. La solitude un soir de Noël, fête familiale pourtant ! Une sacrée attraction cet épisode !

0607 Pauvre Diable.
Rosemary's Baby à l'envers... et la mandragore...

0608 Le Roi de la pluie.
« La vraie réalité... la réalité invisible ». Quand tout le monde croit avoir le *« don »*. Mais la colère est mauvaise conseillère ; c'est plus simple de dire les choses, non ? Sinon on a des amours orageuses et des coups de foudre.

0609 Compte à rebours.
Mulder est de plus en plus solitaire. Skinner se fait du mauvais sang et il n'a pas de veine, le pauvre. Justement, je venais de finir le roman « Automates » de John Saul dans lequel il raconte une histoire de machines microscopiques introduites dans le sang...

0610 Photo mortelle.
Ah ! la mort et l'éternité, éternels sujets littéraires. Un photographe de cent quarante-neuf ans « cherche le cliché »... La force de Mulder comme enquêteur réside dans le fait qu'il sait ce qu'il faut chercher ! *« J'ai été oublié ici et je ne veux plus y rester... »* Déclare le photographe. On ne réussit pas à avoir peur comme Scully ; c'est normal elle risque de voir la mort en face. *« J'ai vu la mort. Dommage que je n'avais pas d'appareil photo... »* Déclare le photographe. Mulder, à la fin : *« Je crois que la mort ne s'intéresse à toi que quand tu cherches l'immortalité. »*

0611 et 0612 Toute la vérité 1 et 2.
L'homme à la cigarette parle. Il s'agit encore d'une histoire de famille, car, la famille constitue la fondation solide de la société américaine. Il y a les extraterrestres envahisseurs et les extraterrestres rebelles ; ceux de l'huile noire et ceux qui ont bouché tous leurs orifices naturels pour ne pas la laisser s'y introduire. Et puis, il y a les traîtres humains... du... syndicat ! Quelle flamme ces rebelles ! Cassandra, l'hybride réussi : *« Dès que vous commencez à parler ils sont sceptiques ! »* Question : faut-il collaborer

pour préserver l'espèce ? L'homme à la cigarette :
« *Tout le monde est persuadé que sa cause est juste.* »
Mulder : « *On ne m'écoute jamais !* » Tout cela ressemble à l'affaire Papon, non ?... [Où est-il le bon vieux temps où les États-Unis avaient un vrai ennemi ?]

0613 Agua Mala.

« *Le fond des océans est aussi sombre et insondable que notre imagination* ». « *Tous les cons se donnent rendez-vous en Floride* ». Ça n'empêche qu'ils ont toujours d'aussi bonnes lampes de poche. Le grand Cthulhu est dans la plomberie. Gare aux cuvettes de WC... Tout cela me fait penser au livre « Les puits de l'enfer » de Graham Masterton et aussi au film « The Thing » de John Carpenter.

0614 Lundi.

Il y a des jours comme ça... On voit deux fois la même scène... Tiens ! ça recommence... presque la même scène. Presque. Comme dans le film *Un jour sans fin*... « *Il n'y a que les détails qui changent, mais la fin est toujours la même.* »

0615 Bienvenue en Arcadie.

Fallait trouver un prétexte pour faire croire au téléspectateur que Fox et Dana se marient. Mais on est vite rassuré par le geste de Scully. Et Scully a toujours une lampe de poche sur elle ! Une petite scène qui rappelle le film *Blue Velvet*. Il n'est pas bon d'appeler un démon népalais ! N'est-ce pas Masterton ?

0616 Entre chien et loup.
Chienne de vie... un démon chinois cette fois ! Cette Scully, elle se laisse égarer par sa jalousie... Ah non !...

0617 Trevor
Trevor, c'est le prénom d'un petit garçon. Dommage d'avoir choisi ce titre, ce choix dévoile une partie du suspens...

Une tempête se lève dans un camp de prisonniers. L'un d'entre eux est mis au mitard et ça lui fout la trouille à cause de la tempête.

Une fois la tempête finie, ils retrouvent le directeur du centre coupé en deux comme par un sabre laser, tout grillé ! Le mitard s'est envolé avec le gars dedans.

L'enquête est surprenante : Scully pense à un cas de combustion spontanée. Et Mulder n'est pas d'accord. C'est le monde de X-Files à l'envers !

Pour une autre explication donnée par Mulder plus tard, Scully déclare : « Ce n'est pas de la science c'est de l'Alchimie ! »...

Le scénario a une grosse faiblesse: comment un homme avec de tels pouvoirs pouvait-il être resté en prison sans s'évader.

0618 À Cœur perdu.
À votre bon cœur messieurs dames... un sacré cœur ! Un écrivain nommé Padgett[4] matérialise

---

[4] « Padgett » est le pseudonyme d'un couple d'écrivains : Henry Kuttner et Catherine L. Moore, réputés pour l'étrangeté de leur

l'angoisse en écrivant... Un épisode hégélien ! D'ailleurs Padgett utilise ce terme dans son roman...

0619 Le Grand jour.
Écrit et réalisé par David Duchovny. Une histoire de base-ball à Roswell... Les Noirs, élite des joueurs de base-ball, sont-ils des extraterrestres ?

0620 Brelan d'as
Les trois hackers de service de la série X-Files jouent au poker à Las Vegas. Ils perdent. En fait ils sont là pour Suzanne (voir l'épisode dont je ne me rappelle plus le numéro qui parle de cela... le 0509 peut-être ?) La paranoïa règne.

« Quelle heure est-il Mulder ? » Questionne Scully. « 2 H 34 ! » répond Mulder...

Scully procède à une autopsie sous les yeux d'une des hackers ce qui le rend malade.

Un épisode sans Mulder (sauf sa voix, mais sa voix seulement, au téléphone...

0621 Spores
On retrouve deux squelettes bien propres dans la montagne. Les deux squelettes sont enlacés. On a vu auparavant un jeune couple enlacé de la même manière. Mystère !

Cette montagne brune c'est celle où on voit des lumières la nuit, voler dans tous les sens. Mais...

SF. Ils ont débuté dans Weird Tales avec Lovecraft. Leur petit roman *L'Échiquier fabuleux* commence ainsi : *« Le bouton de porte ouvrit un œil bleu et le regarda. »*

Quelle est la vérité ? Doit-on croire quelque chose parce qu'on la voit ?

Scully doit adopter les idées de Mulder pour le sauver. Enfin… c'est ce qu'on veut nous faire croire… Mais c'est qui ce "on" ?

0622 Biogenèse
L'épisode central de toute la série, avec sa suite dans la saison 7.

Prologue de Scully sur l'histoire de la vie sur Terre et de ses cinq extinctions massives.

Sur une plage de Côte d'Ivoire, on découvre un artefact. On saura plus tard que c'est un morceau de vaisseau spatial ET. Ces épisodes font partie de ceux qui mettent en scène le côté religieux de la mythologie de Chris Carter. En fait, la vie viendrait d'ailleurs que de la Terre. Théorie, hypothèse bien connue. « On descend tous des Martiens ? » S'exclame Scully. Les inscriptions de l'artefact créent des malaises de plus en plus graves chez Mulder. Un procédé scénaristique pour se débarrasser de l'acteur David Duchovny qui va disparaître progressivement de la série jusqu'aux deux derniers épisodes de la saison 9.

Et puis Krycek rôde par-ci par-là, exécuteur des basses œuvres. On aperçoit aussi l'homme à la cigarette.

« Voyons, tout ça c'est de la science-fiction, ça ne tient pas debout ! » Déclare Scully. Mais ce sont ses derniers soubresauts de scepticisme, car, c'est à la fin de cet épisode qu'elle va être convaincue… Merveilleuse image de fin !

To be continued.

La septième saison (1999-2000)
Mulder est enlevé.
On savait que l'acteur en avait marre de la série...

0701 et 0702 la Sixième extinction 1 et 2

Les épisodes qui commencent avec la voix off de Scully promettent de l'ennui.

Elle est venue en Afrique pour « chercher ce en quoi elle ne croit pas. » Mulder est dans un asile psychiatrique (on l'avait déjà su dans l'épisode précédent, fin de la sixième saison...) Skinner veut l'aider. En Côte d'Ivoire, Scully est confrontée à des phénomènes, des signes étranges. On passe d'un site à l'autre ? Enfin, il y a bien un vaisseau extraterrestre sur ce rivage de la Côte d'Ivoire et aussi, un scientifique cinglé. Trop énigmatique, donc ennuyeux. C'est le danger quand on veut trop manipuler le spectateur.

Il y a même la belle brune, l'agent Fowley (déjà apparue en fin de l'épisode précédent).

Partie 2.

"Amor Fati" à la place de "la vérité est ailleurs" en en-tête de l'épisode.

« MAMAN ! » Crie Mulder dans son lit d'hôpital. Les scénaristes (Duchovny et Carter) semblent trouver une issue (je les trouvais un peu dans une impasse) avec l'apparition d'un nouveau personnage : l'homme à la cigarette (!)

Ce dernier emmène Mulder dans un beau quartier où il trouve, dans une jolie maison, sa sœur et sa maîtresse, l'agent Fowley... Le rêve manifeste la satisfaction d'un désir, a écrit Freud.

Et puis il y a Krycek barbu…
Mulder, un extraterrestre ?

0703 Appétit monstre
Un charmant jeune homme s'avère être un monstre cannibale. Mais il est aussi victime de son état.

0704 Millennium
Un hommage à la série Millennium de Chris Carter à l'occasion du Nouvel An 2000. Avec zombies à la clé.

0705 À toute vitesse
Un jeune homme a reçu des pouvoirs lui permettant d'agir à une extrême vitesse, ce qui rend ses actes (délictueux) invisibles.

0706 Chance
Un homme (l'acteur qui joue l'ET dans SG-1 épisode *X-trem Wormhole*) a beaucoup de chance et il est gentil.

0707 Orison
Encore un tueur en série, celui-là est fétichiste.

0708 Maleeni le prodigieux
Un magicien et son double. Un bon coup monté. Mais…

0709 La Morsure du mal

Un prêcheur met les pécheurs à l'épreuve avec des serpents. Mais les apparences sont trompeuses. Comme toujours…

0710 et 0711 Délivrance 1 et 2

Des enfants sont extraits du monde réel pour leur éviter la mort. Mulder verra que sa sœur en fait partie. Très émouvant.

0712 Peur Bleue (X-cops)

Cet épisode est filmé comme un reportage. Des flics, aidés par Mulder et Scully traquent des monstres en pleine nuit. Mais ces monstres existent-ils vraiment ?
Excellent !

0713 Maitreya

Combats dans un jeu virtuel qui devient réel. Excellent. La fille est sculpturale.
« Mulder s'est perdu dans le jeu ! »
« Le jeu même s'est perdu ! »

0714 Coup du sort

Une espèce de taré utilise le vaudou pour exterminer une famille. La vengeance est injuste en plus !

0715 En ami

L'homme à la cigarette embobine Scully. L'épisode le plus niais de la série.

0716 Chimère

Une maîtresse de maison irréprochable se transforme en monstre pour se venger des infidélités de son mari (elle refuse de divorcer). Pas mal…

0717 Existences

Encore la voix off de Scully. Aïe ! On va s'ennuyer. Quel moralisme suintant. Scully a vraiment du mal à faire semblant de manger (enfin, je veux parler de la comédienne)

Une erreur d'enveloppe dans un hôpital amène la jeune-femme à retrouver un ancien amant.

Épisode ennuyeux.

0718 Nicotine

La compagnie qui fabrique les cigarettes que fume l'homme à la cigarette fait des recherches sur le tabac. Les expériences, avec des humains (joué par le même acteur que celui qui joue le chef d'un peuple très évolué dans SG-1) entraînent le fait que la fumée de cigarette contient des spores, en fait ce sont des œufs d'insectes. Quand vous respirez la fumée, même passivement, vous finissez par avoir les poumons et le visage dévorés par des asticots.

Excellent !

Mais pourquoi l'homme qui sert de cobaye et qui fume plusieurs paquets de cigarettes par jour semble immunisé ?

Vous le saurez en regardant l'épisode !

0719 Hollywood

Un producteur tourne un film sur les aventures de Mulder et Scully. Ça se veut amusant...

Heureusement, il y a une autre histoire à côté. L'évêque maudit est joué par l'acteur qui joue Brata'c dans SG-1. Stargate SG-1 utilise d'ailleurs le même procédé dans deux épisodes intitulés *X-trem Wormhole* et *X-trem Wormhole le film*...

L'histoire à côté ? Une histoire d'hérésie avant l'heure du *Da Vinci Code*.

Il y a aussi l'acteur qui joue le Dr Lee dans SG-1...

L'épisode nous offre un extrait du film d'Ed. Wood, le plus mauvais réalisateur de l'histoire du cinéma : *Plan 9 from outer Space*.

La fin est délicieuse.

Excellent épisode sauf la partie *Hollywood*.

0720 Doubles

Deux filles : l'une est le double de l'autre et vice et versa, bien sûr... Quand elles sont à proximité l'une de l'autre, ça fait des étincelles. Sublime. L'une est en rose et l'autre en bleu.

0721 Je souhaite

Ils trouvent une femme roulée dans un tapis : elle exerce trois vœux ! Les conséquences sont inimaginables !

0722 Requiem

Un OVNI s'est écrasé dans la forêt, la même que dans l'épisode *Orégon* au début de la série. On a l'habitude maintenant. Mulder et Scully subissent un audit pénible. On retrouve Krycek et la blonde de l'ONU qui le fait libérer d'une geôle tunisienne. Cet épisode devait être le dernier, mais la production a changé d'avis. D'autre part, Duchovny a des états d'âme : il veut gagner plus… Son personnage doit disparaître faute d'avoir trouvé un accord. Le personnage de Billy Miles va devenir récurrent dans la saison 8 (et aussi 9 je crois…)

L'homme à la cigarette est mourant, mais on le verra encore dans le dernier épisode de la saison 9. Il charge Krycek de récupérer le vaisseau.

On sent la forte influence de *Body Snatchers* ou plutôt *Les Envahisseurs de la planète Rouge (1953)* de Cameron Menzies.

La scène de l'enlèvement de Mulder est très réussie.

Et Scully est enceinte ! Ah ! Donc la série va continuer…

La huitième saison (2000-2001)

Cette saison est très inégale. L'absence de Mulder est beaucoup trop présente. L'orientation de la série est hésitante. C'est dommage, car la saison 9 sera la meilleure de toutes.

0801 et 0802 Chasse à l'homme 1 et 2

On fait la connaissance de John Doggett, le sceptique, personnage très attachant, joué par l'acteur qui a joué le méchant robot dans *Terminator 2* et aussi le chef des marines au début de *Stargate Atlantis* (Robert Patrick). Le tout nouveau directeur, monsieur Kersh, n'est pas très sympathique…

Ils recherchent Mulder, mais enfin, ce n'est pas clair pour tout le monde. Comme d'habitude.

Le coup de la plaque mortuaire est débile, typique des ratages de cette saison. Enfin, on apprend que Mulder était gravement malade (cela sera utilisé dans un prochain épisode). Scully comprend que les extraterrestres recherchent l'enfant Gibson Praise, le surdoué déjà vu dans un précédent épisode.

Partie 2.

Allons bon ! Encore la voix off de Scully. Mulder se jette du haut d'une falaise. Mais ce n'est pas lui ! On reste dans le thème de l'alien qui prend la forme de n'importe qui. On nous fatigue avec les scènes de Mulder captif et soumis aux expériences. Mais ces épisodes sont intéressants. Joli camouflage du vaisseau. Le directeur adjoint Kersh est vraiment désagréable.

0803 Patience
Une chasse au vampire pas ordinaire (les deux : la chasse et le vampire).

La première enquête de John Doggett au service des affaires non classées. Le nombre des espèces naturelles encore inconnues est très élevé, et là c'est un peu terrifiant.

Vivement l'arrivée de Monica Reyes.

En fait, Chris Carter a trop voulu faire plaisir aux fans en parlant de Mulder toutes les cinq minutes. Finalement ça devient lassant et on insiste trop sur son absence. Ce n'est pas comme ça qu'on fait son deuil. Et alors, ne parlons pas de Scully qui se donne des airs inspirés très importants... et ne fait que dire : « ce qu'aurait fait l'agent Mulder »...

Agaçant !

Le tueur ? Homme ? Animal ? Les deux !

Le même genre d'histoire que les deux films *Jeepers Creepers* de Victor Salva (2003) postérieurs à cet épisode.

L'intrigue est très bien montée.

0804 Un Coin perdu
Une secte vénère une espèce de larve qui prend possession des corps humains. Scully va en être victime. Terrifiant. Ce Robert Patrick est un grand acteur.

0805 Invocation
Une histoire d'enlèvements d'enfants.
C'est trop horrible ces histoires.

Un enfant enlevé revient dix ans plus tard tel qu'il était au moment de son enlèvement. Pour se venger ! Ah ! Bravo !

John Doggett a subi la même horreur (on ne le saura que dans un prochain épisode) : son fils a été enlevé et assassiné.

0806 Combattre le passé
Un prisonnier se voit victime d'une double peine : en plus de sa punition pénale, il doit revivre la même journée sans fin. Le pire c'est que cet homme est innocent. Il est accusé injustement du meurtre de sa femme.

Avec une leçon de morale sur la justice.

0807 Via Negativa
Une secte aux suicides… à la hache. Et le troisième œil. Y a-t-il vraiment une différence, parfois, entre le rêve et la réalité ? Doggett va être victime de cette secte apocalyptique. Le même genre d'histoire que *Les Griffes de la nuit* (1983) de Wes Craven. Le directeur adjoint Kersh est toujours aussi caricatural. Il le restera jusqu'à la fin de la saison 9. La quasi-absence de Scully aère un peu l'épisode.

0808 À coup sûr
Un type qui voit à travers les murs. Si ! si !

0809 Dur comme fer
Superbe histoire de SF !

Une voiture s'enroule autour d'un homme debout qui achève le conducteur au travers du pare-brise. Un homme de métal

« Il devait avoir 4300 fois la densité de l'acier pour causer les dommages constatés. » À la voiture.

Depuis que Doggett observe des tas de phénomènes paranormaux, pourquoi les scénaristes persistent à en faire un type aussi buté, bien que très intelligent ? Encore une faiblesse de la huitième saison.

Le mutant s'est réfugié dans un foyer où il fait la connaissance d'une gentille animatrice.

Des "métaux intelligents" sont à l'origine de la mutation de cet homme.

C'est assez amusant quand on sait que Robert Patrick avait joué le rôle du robot T-1000 constitué de métal intelligent dans *Terminator 2 le jugement dernier de James Cameron (1991)*..

J'aime aussi le fût de déchets avec l'empreinte des mains imprimées dans le métal. Cela me rappelle le film *Le Retour des morts-vivants* de Dan O'Bannon (1984).

Cet épisode me semble être une synthèse de ces deux films.

Heureusement que Scully sait tout. Mais… c'est bien beau de se faire écraser dans une casse ; quand le "cube" de métal va se retrouver dans un four électrique et fondu, le "métal intelligent" va se répandre dans tout le métal…

0810 À l'intérieur

L'épisode le plus débile de la saison : une espèce de gnome cul-de-jatte prend possession des corps en y pénétrant par… l'anus !

0811 Dévoreur d'âme

Superbe épisode !

Au début, on y voit Mulder tuer une espèce d'homme monstrueux de deux balles de pistolet. John Doggett y meurt pour renaître : un homme, un monstre, dévore les gens malades, garde leur maladie et les régurgite sains et saufs.

Or on avait appris dans le premier épisode de la saison que Mulder était gravement malade. Ils nous fatiguent avec leur Mulder...

0812 Luminescence

Dans le métro de Boston. Une victime très amochée... Un directeur du métro hystérique et autoritaire alors que la ligne est arrêtée. Le suspense est bien mené. L'origine de l'horreur : une espèce d'épidémie, une infection qui ronge les corps, une infection fluorescente.

Ce sont des micro-organismes genre méduse.

Et Doggett est d'une efficacité sans pareil.

<u>0813 Manum</u>

Écrit pas Carter et Duchovny (il est toujours là celui-là ?)

Avec l'acteur qui jour Kawalsky dans SG-1.

L'accouchement assez terrifiant d'un bébé extraterrestre. Noooon ? Si !

Et la grossesse de Scully poursuit son cours... Musique sirupeuse...

Le "Kawalsky" de SG1 joue ici le rôle du mari de la mère de l'alien. Sa femme a été tuée après l'accouchement.

Les scénaristes s'imaginent nous surprendre en inversant les rôles.

Doggett y croit, Scully non. On voit aussi Mulder dans les souvenirs de Scully. Très lourd.

Mulder lui-même emploie le terme d'affligeant.

Bon, on aura vite compris que Scully est enceinte d'autre chose que d'un humain…

Ces scénaristes ! Ils croient nous faire peur avec des médecins en blouse blanche et des fœtus dans des bocaux… Est-ce que Mulder est le père biologique de l'enfant de Scully ? On veut nous le laisser entendre, mais on n'est pas dupe.

0814 Espérance
Écrit par Chris Carter et Frank Spotnitz

Un jeune ufologue poursuit un OVNI en pleine nuit. La soucoupe a laissé un corps sur place.

Puis on nous ressert l'exaspérante scène de Mulder torturé dans l'astronef. Et Scully pleurniche. Une organisation recueille les victimes d'enlèvements pour les soigner et les ramener à la vie.

Et, oh joie ! on fait connaissance avec l'agent Reyes… Dommage, il faudra attendre la neuvième saison pour la voir à chaque épisode. On revoit Roy Thinnes (le David Vincent des *Envahisseurs*) en Jeremiah Smith, guérisseur.

Monica Reyes évoque avec John Doggett leur passé commun au moment de la mort du fils de ce dernier.

Et voici Mulder… Encore ?!!

To be continued.

0815 Renaissance
Écrit par Chris Carter et Frank Spotnitz

Dans cette série, ils ne font que mourir et renaître. Ils enterrent Fox Mulder dont le corps sans vie a été laissé par une soucoupe volante. Mais ne vous réjouissez pas : il va revenir !

John Dogget reçoit une promotion du caricatural Kersh ; mais il va refuser, c'est sûr !

Un chalutier repêche le corps décomposé, mais vivant de Billy Miles (voir 0722 et aussi avant).

Donc… devinez quoi ? Mulder n'est pas mort ! Scully fait sa crise d'hystérie. Il y a même le délicieux Krycek qui torture Skinner à distance. Un petit tour de passe-passe scénaristique, et hop ! revoilà Mulder.

Duchovny a dû se mettre d'accord avec le producteur pour son contrat ! Quant au "traitement antiviral", si ça existait, on le saurait.

0816 Confiance
Je ne savais pas qu'on pouvait s'introduire aussi facilement dans le parc de la Maison Blanche… Surtout pour donner un CD avec l'inscription "combattre le futur". Mulder a mal aux joues. Ne parlons pas des évasions des travaux forcés. Tout est caricatural et faux dans cet épisode.

0817 Empédocles
Ouf ! Nous voilà revenus aux fondamentaux de la série. Avec Monica Reyes en plus.

Un homme en flammes s'introduit dans le corps d'un badaud qui, ensuite, exécute son patron qui vient de le licencier ainsi que son assistant.

Il est question de manière plus précise de la mort du fils de John Doggett lorsqu'il était enfant. Un épouvantable calvaire pour Doggett.

L'homme en flammes semble être Bon Harvey, le type soupçonné à l'époque du meurtre de l'enfant Doggett.

Le possédé" lit Hansel et Gretel à sa petite nièce.

Dommage qu'on nous ennuie à la fin avec une scène sirupeuse entre Scully et Mulder.

0818 Vienen
Écrit par Chris Carter et David Duchovny

Une plate-forme pétrolière en mer est infectée par l'huile noire et l'irradiation que peut dégager tout corps infecté. Heureusement que Mulder va de nouveau disparaître, car la compétition Mulder-Doggett est un fourvoiement scénaristique. Je ne sais pas pourquoi ils ont fait du personnage de Mulder un type odieux. La présence de Mulder pollue le scénario.

0819 Alone

Une espèce de docteur de l'horreur se transforme en reptile (ce qui me fait penser à une histoire de Lovecraft). Doggett enquête avec une admiratrice de Mulder et Scully pendant que cette dernière nous fatigue avec son prochain accouchement. Elle se fait du souci pour Doggett qui a disparu. Mulder est jaloux, mais va donner un coup de main. Là c'est mieux comme scénario.

Le meilleur épisode de la saison et un des meilleurs de la série.

L'admiratrice de Scully-Mulder, une petite blonde nommée Harrison, pose une question sur ce qui s'est passé dans le film *X-Files* ce qui crée une polémique entre Mulder et Scully.

0820 et 0821 Essence 1 et 2

Après le pétrole, l'essence de la vie... La maman de Scully embauche une infirmière dévouée pour aider la future maman. Cette femme a un drôle de comportement. L'invincible Billy Miles (on se souvient qu'il est devenu un extraterrestre) exécute le médecin qui fabriquait des petits aliens (voir 0813). Une fois de plus (c'est normal avec Chris Carter au scénario), Mulder pète un câble. L'enfant de Scully, court un danger : il faut fuir. Krycek arrive à la rescousse (nooon ? si !) et Monica Reyes aussi (super !)

Super aussi le piège tendu au pas commode Billy Miles.

Partie 2

Cet épisode consacre l'installation du personnage de Monica Reyes dans la série.

Géniale la première scène de la reconstitution du corps broyé de Billy Miles.

La longueur du voyage de Scully-Monica est très bien rendue sans être ennuyeuse.

On entend parler des "super soldats". C'est un programme militaire. Scully avait été enlevée dans le cadre de ce programme. Krycek, lui, dit que ces hommes invincibles sont des extraterrestres, des substituts d'humains.

Scully accouche, il y a l'étoile du berger dans la nuit (!). Il ne manque plus que l'âne et le bœuf ; et les rois Mage vont arriver.

À Washington, Skinner tue Krycek. Dommage, le personnage était intéressant, mais on aurait mieux aimé le connaître…

Scully va accoucher, c'est bon ! Et les extraterrestres ont l'air content, dites donc.

Et ce Kersh est toujours aussi caricatural. Le pauvre est soumis à une enquête judiciaire, car il est soupçonné de complicité…

La série va-t-elle s'achever sur le baiser de Mulder et Scully ?

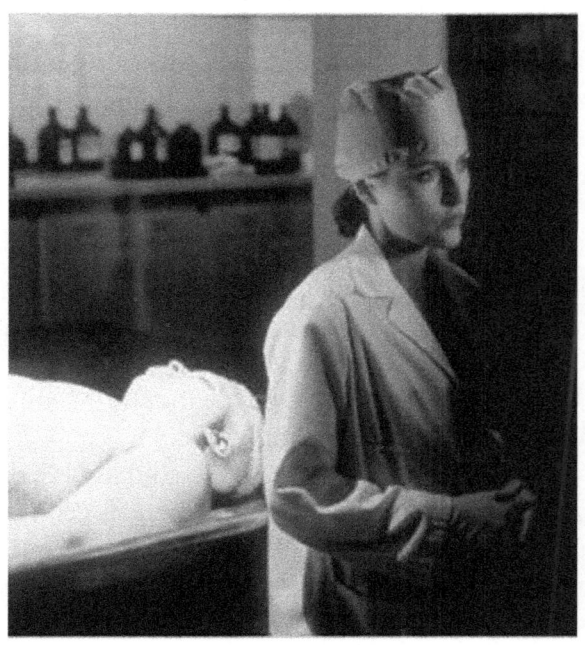

La neuvième saison (2001-2002)

Celle de John Doggett et Monica Reyes.
Cette saison est plus riche de moyens techniques et d'effets spéciaux. Elle est excellente.
Dommage qu'elle n'ait duré qu'une saison...

1001 et 1002 Nouvelle génération 1 et 2

Écrit par Chris Carter et Frank Spotnitz

Uu homme dans un bar drague une belle brune aux yeux gris-bleu.[5] Ça va être mortel, évidemment. On apprend qu'il y a de la chloramine dans l'eau.

Superbe scène de la voiture au fond de l'eau (... Ça me fait penser au film a *Nuit du chasseur* (1955) de Charles Laughton.

Musique sirupeuse. Scully prend sa douche et le bébé pleure. Doggett et Reyes sortent de leur lit... Chacun chez soi, bien sûr... Un nouveau venu apparaît, Brad Follmer, un ancien amant de Monica. Cette dernière n'a pas envie de le voir. Ce nouveau directeur adjoint (il y en a combien ?) est le roi des fourbes. Pire même. Mais on le saura bien plus tard dans la saison. Les enregistrements des caméras du parking du FBI (voir 0821) ne montrent plus les événements. C'est Brad qui a donné cette cassette à Monica. Et Mulder a disparu.

La jolie brune du début s'avère être un super soldat. Skinner demande à Doggett de tout laisser tomber pour préserver Mulder et Scully (encore eux !). Mais il continue, avec Monica.

---

[5] L'actrice est Lucy Lawless, l'interprète de la sculpturale Xena.

Kersh à Brad : « Vous n'avez aucun compte à régler avec » (avec Doggett) Ah ! Comme il se trompe, ou fait semblant. Le scénario est très malin, Spotnitz vaut dix Duchovny sur le plan du scénario.

Eh bien, c'est vrai : ce sont des super soldats. C'est la belle brune qui en informe Doggett. Cette fille fut autrefois une camarade de combat dans les Marines. Elle informe l'équipe que l'eau contient un produit qui facilite la naissance de super soldats. Même Kersh devient moins caricatural...

0903 Daemonicus
Deux "démons" exécutent un couple paisible, le soir dans une ferme perdue. Puis les assassins mettent en place une mise en scène macabre et les lettres "Daemonicus" sur le scrabble auquel jouaient les victimes. Ces histoires de manipulation psychique à distance sont un peu lourdes. Le manipulateur psychique fait des allusions aux malheurs passés de Doggett. Scully est toujours cassante : qu'est-ce qu'elle fait là celle-là ? Elle passait juste là par hasard en rentrant à Washington.

Et une fois de plus elle se fait voler son arme. Ils n'exagèrent pas un peu là les scénaristes ?

<u>0804 4-D</u>
Un psychopathe tueur en série a trouvé le moyen d'exercer son "art" en passant d'un monde parallèle au nôtre. Cet épisode est très émouvant. Car, une fois de plus, Doggett meurt et revient à la vie, plutôt pour que Doggett revienne à la vie, il faut que Reyes tue l'autre Doggett, celui de l'autre monde...

Stupéfiant. Ce tueur a exécuté Monica Reyes dans cette autre dimension.

0805 Le Seigneur des mouches
Des gens (une mère, un fils) sont des hybrides d'insectes ? Avant de le savoir, même Scully y perd son latin devant le cadavre d'un jeune homme dévoré de l'intérieur par des mouches.

Le fils/insecte (qui ne sait pas encore ce qu'il est) est amoureux et très jaloux. Or, il commande aux mouches. Il y a un entomologiste très amusant.

0806 Ne faites confiance à personne
Écrit par Chris Carter et Frank Spotnitz

Ça commence mal : Scully philosophe en voix off. Le comble, on nous présente, après le générique, des images de fin… Ils n'arrivent pas à me mettre la larme à l'œil avec le dialogue via email entre Scully et Mulder. Pourtant, ils essaient, mais échouent. Mais est-ce bien Mulder ce trust_no1@mail.com ? On nous embrouille comme toujours avec ces histoires.

Il y a des types qui regardent ce qu'il se passe (mais où ?) sur des écrans, puis on nous repasse des images de fin. Une femme essaie (encore ?) d'enlever le gosse de Scully… On n'en sort pas… « On nous surveille » avec toutes ces caméras. Et puis Scully est carrément une gourde dans cet épisode. Les scénaristes pourraient quand même mieux respecter ce personnage. Et pourquoi Mulder aurait-il autant d'importance ?

Un épisode du niveau (bas de la huitième saison. Ils ont inventé un matériau qui extermine les super soldats. L'équivalent du pieu pour les vampires, ou la lumière du jour !

0907 Amnésie
Ah ! On revient dans la neuvième saison avec ce superbe épisode. John Doggett se retrouve complètement démuni dans un bled perdu du Mexique. Il a perdu la mémoire. Seule l'immense douleur de la perte de son fils l'aidera à la retrouver pour châtier celui qui la lui a fait perdre.
Superbe je vous dis.

0908 Écorchés (Hellbound)
Encore excellent ; un homme autrefois écorché vif se réincarne dans des personnes à chaque génération pour punir les descendants des tortionnaires de la même manière. Du pur Clive Barker.

0909 et 0910 La Prophétie 1 et 2
Un morceau du vaisseau spatial du début de la saison 8 : un homme a trouvé un vaisseau spatial et enlève le bébé de Scully. La suite des 0801 et 0802. Scully pleurniche.

0911 Audrey Pauley
Le meilleur épisode de la série.
Monica Reyes (vraiment amoureuse de John) est au seuil de la mort après un grave accident de voiture. Elle est hospitalisée. Un chirurgien pourri sévit dans cet établissement en conduisant à la mort malades et blessés pour vendre leurs organes. Monica est entre la vie et la mort, elle se retrouve en compagnie d'autres mourants dans un "entre-deux" qui se trouve

dans l'hôpital en miniature construit par une autiste qui travaille dans l'établissement. Elle va être victime du docteur de l'horreur, sauf si Doggett reçoit le message que Reyes lui envoie grâce à Audrey l'autiste.

Superbe et émouvant.

0912 Dans les abîmes

Une variation sur Dr Jekyll et Mister Hyde : un brave employé du câble se transforme contre sa volonté en horrible tueur en série.

0913 Improbable

Écrit par Chris Carter.

« Dio ti ama »

Superbe épisode sur les probabilités : le maître des probabilités (joué par Burt Reynolds, excellent) déclare au tueur en série: « Toi et moi on joue le plus grand jeu ». Le problème c'est qu'il y a un un autre tueur en série qui massacre de jolies jeunes-filles. Les tueurs en série des séries télé ne tuent jamais de moches jeunes-filles... Y en a marre, hein ? Ce Chris Carter est obsédé par les serial-killer. Il aurait pu traiter le même sujet sans tuerie.

Monica, elle, tente d'élucider les crimes avec les nombres. La scène est sublime où elle et Scully se retrouvent enfermées dans le parking souterrain à jouer aux dames avec le maître des probabilités.

Le tueur est nul aux cartes. Il a un surnom : triple zéro.

En plus il a une gueule d'abruti. Porca miseria !

0914 Une Vue de l'esprit

Encore un excellent épisode.

Un petit garçon crée des monstres uniquement par l'imagination. Et ça ne marche que grâce à l'imagination des victimes. Superbe

Doggett et Reyes se retrouvent dans une maison isolée dans la montagne en pleine tempête de neige en compagnie de cet enfant et de son père. Brrrhhh...

0915 N'abandonne jamais

Sniff ! Terrible épisode qui voit la mort de nos trois bandits solitaires...Un épisode uniquement consacré à eux. Avec l'ignoble abruti qui avait pris la place (corps et âme) de Mulder dans un précédent épisode. Bon c'est un peu long avec ce personnage jusqu'à ce que les mots « super soldat » soient prononcés.

Ils vont tous se mettre à la recherche d'une très jolie petite brunette qui s'emploie à sauver le monde, mais ils ne le savent pas. « Ce n'est pas en sauvant le monde qu'on paie ses factures ! »

0916 William

Écrit par Chris Carter

William (le bébé de Scully, il est resté bébé bien longtemps...) a été adopté. Comment en est-on arrivé là ?

Eh bien il faut regarder l'épisode.

Un homme au visage horriblement amoché se fait passer pour Mulder ? En réalité c'est son demi-frère, le personnage qu'on avait déjà vu à plusieurs reprises dans des épisodes lointains, le fils de l'homme à la cigarette qui l'avait tué, mais visiblement ce coup de feu a manqué sa cible...

0917 Clairvoyance

Dans cet épisode, John Doggett peut enfin faire la lumière sur l'assassinat de son fils. Très émouvant ! Bien plus que les pleurnicheries de Scully.

0918 Irréfutable

Deux jeunes pénètrent dans une maison où est reconstitué le décor d'une série télévisée. L'un d'eux s'enfuit, celui qui reste est projeté en l'air à travers plafond et toit.

La logique implacable de Doggett le conduit à comprendre ce qui s'est passé. Mais... comment ce fut possible ? A cause d'un « Mozart de la psycho kinésie ». Avec un fond psychanalytique.

Très amusant, la dernière scène est superbe.

0919 et 0920 La Vérité 1 et 2

(Enfin n'y croyons pas trop que la vérité sorte de ces épisodes... la preuve ils ont fait une dixième saison avec six épisodes dix ans plus tard)

Mulder est de retour ! Il est arrêté et jugé. L'occasion de revenir sur les épisodes de la "mythologie" selon le terme employé par Chris Carter. Dans la deuxième partie, on retrouve l'homme à la cigarette qui annonce l'invasion pour le 22 décembre 2012. Vous l'origine de cette date, je ne vais pas revenir dessus. Mais elle est passée et il ne s'est rien passé.

On ne peut pas dire que cette série finisse en apothéose.

Pleurnicheries, embrassades... Discussions à ne plus en finir. Duchovny est très mauvais, comme il l'a été depuis la huitième saison.

Scully résume la "mythologie" : virus et huile noire, hybrides ET-humains, super soldats…
La seconde partie est abracadabrantesque…

La dixième saison (2016)

Dans la bande annonce, les acteurs, les producteurs, réalisateurs et autres expliquent ce qui les a motivés pour faire ces derniers épisodes : satisfaire les fans !
Marc Sessego les a vus pour *science fiction magazine*. Le numéro 91 de ce magazine (mars 2016) publie sa chronique ainsi que mes chroniques, épisode par épisode. Il écrit notamment : « *Mulder et Scully sont bel et bien de retour, même si ce n'est pas pour très longtemps.* »
De fait, rien de bien nouveau dans ces 6 épisodes dont voici mes chroniques.

1001 La Vérité est ailleurs (1/2) My Struggle – Part I

L'épisode commence par un petit "résumé" de la position de Fox Mulder dans la série: sa sœur a été enlevée par les extraterrestres et il y croit!

Impressionnantes images d'un crash d'OVNI en 1947. En 2015, Mulder et Scully son recrutés pour leur "expertise". Une petite facilité du scénariste, mais pour un épisode de série télé il n'a pas bien le temps de finasser.

Ils parlent de l'énergie du vide de la théorie quantique des champs, mais en le disant avec d'autres mots. Et de "l'élément 115", le numéro 115 du tableau périodique des éléments. Ce numéro signifie que le noyau de l'atome de cet élément comprend 115 hadrons, ou baryons si vous voulez, la somme des protons et des neutrons qui s'y trouvent.

Complot, conspiration, 11 septembre... Tous les ingrédients de la série remis au goût du jour sont présents pour le régal des fans.

Néanmoins, Scully a l'air trop lasse et Mulder trop dépressif.

Mulder veut y croire, mais Scully est sceptique. Mais ne vous y fiez pas, c'est quand même traité de manière un peu différente.

C'est vrai, se demandent-ils... C'est vrai ? C'est pas vrai ? C'est Vrai ? ... Allez savoir !

1002 Les Enfants du chaos (Founder's Mutation)

Les X-Files ont rouvert et Mulder rasé de près porte de nouveau son costume et sa cravate. C'était vite fait tout ça !

Scully est de nouveau sa partenaire, mais leur lien d'amitié (d'amour contrarié ?) est évident et reconnu par les deux personnages.

Ils enquêtent sur le suicide d'un scientifique. Scully réalise une autopsie. On en sait un peu plus sur William (le fils de Mulder et Scully, vous vous souvenez ?), du moins nous le fait-on croire. Il est question d'un service de recherche pour soigner des enfants monstrueux.

Le gros méchant ? C'est le gou-ver-ne-ment ! Pire que les extraterrestres.

À la télévision, on voit un extrait du film *2001 l'odyssée de l'espace*, la scène où les singes touchent le monolithe. Mais je crois que ce n'est pas vraiment un extrait du film, mais une reconstitution.

1003 Rencontre d'un drôle de type (Mulder and Scully Meet the Were-Man)

Il y a un monstre dans la forêt ! Du moins c'est ce que croit voir le téléspectateur. Mais, cette fois, c'est Mulder qui est sceptique ! Et Scully met en doute son scepticisme. Mais on ne s'en fait pas, il y a vraiment un monstre. « J'avais oublié à quel point ces histoires étaient amusantes ! » S'exclame Scully. Une scène se déroule dans un cimetière. Mulder dépose un bouquet de fleurs volé au pied d'une stèle où est inscrit *Kim Manners*[6]. Et sur une autre stèle est inscrit *Jack Hardy*. Mulder a l'air fatigué, cet épisode est délirant, c'est l'épisode d'autodérision de la saison dix. Une spécialité délicieuse de X-Files !

1004 Esprit vengeur (Home Again)

Une parabole christique : un déchet de l'humanité venge cruellement ses homologues. Par des meurtres d'une extrême violence. Le côté social de la série est ici exacerbé. Et, comme toujours, on ne sait où sont les méchants, et les gentils ont de drôles de méthodes. Mulder et Scully sortent leur lampe de poche.

Scully est au chevet de sa mère, et elle pleurniche. Je n'aime pas les épisodes dans lesquels Scully pleurniche. Mais où est passé William ?

---

[6] **Kim Manners** a réalisé de nombreux épisodes de X-Files. Il est décédé en 2009. **Jack Hardy** décédé en 2011, fut assistant-réalisateur du film *X-Files Regeneration*.

1005 Babylon (Idem)

Un attentat islamiste ! Banal non ? On s'attendait à mieux pour X-Files.

Un des deux terroristes a survécu, enfin, il est mort cliniquement, mais son cœur bat. Deux agents du FBI contactent Scully et Mulder pour leur demander de communiquer avec le mort cliniquement vivant… Ils refusent. Les deux agents s'en vont, mais Scully de son côté contacte l'agent masculin et Mulder, de l'autre, contacte l'agent féminin. Sans que l'un et l'autre soient au courant. Chacun a sa méthode pour communiquer avec le type cliniquement mort. En attendant, un barbu prépare un attentat avec de nombreux kamikazes.

Ceux qui sont racistes sont des cons et ceux qui n'aiment pas les immigrés sont des abrutis. C'est la tradition sociale et humaniste de la série.

« Le mystère est la source de tout », déclare l'agent… Einstein !

1006 La Vérité est ailleurs (2/2) My Struggle - Part II

Scully fait le point sur la conspiration du gouvernement. Enfin, on ne sait pas trop de qui… Un petit résumé des neuf saisons précédentes sur la "mythologie". On se demande si cet épisode final de cette saison ne participe pas à une campagne contre la vaccination. En effet, d'après eux, il faut vraiment se méfier de la vaccination. En fait, au lieu de vous préserver des maladies, elle vous les donne. Quelle joie de retrouver (trop brièvement) Monica Reyes. En fait, ce serait la fin du monde pour une histoire d'écologie. On assiste à une grosse discussion scientifique de biologie moléculaire entre Scully et Einstein (l'agent qui se nomme ainsi). Mais non ! Ils ne sont pas contre la vaccination, puisque c'est la vaccination qui devrait sauver tout le monde, mais avec une aide extérieure inattendue. Enfin, pas si inattendue que ça…

To be continued

La onzième saison (2018)

Enfin ! La voilà !
Elle est excellente, particulièrement l'épisode 1105.

1101 My Struggle – Part III

Résumé de la saison 10.

Les conspirateurs ont semé un virus qui déclenche une épidémie dévastatrice. Les extraterrestres arrivent en fin du dernier épisode…

Ce premier épisode de la saison 11 commence avec l'homme à la cigarette. Il déclare : « Mon nom est Carl Gerhard Busch ». Il a eu de nombreuses identités durant sa « longue carrière au gouvernement américain ». Il fume toujours beaucoup et a pris un coup de vieux… En fait, dit-il, ce type est à l'origine de toute l'histoire moderne des USA. Mulder cherchait les vérités là où, lui, les dispersait. On nous montre la scène du premier pas humain sur la Lune : en fait, une mise en scène !

Le générique qui a fait le succès de la série n'a pas changé, Dieu merci !

Scully est hospitalisée. Inconsciente. Mulder et Skinner (qui porte la barbe) discutent dans le couloir. Mulder s'interroge. Pourtant, à la fin du 1006, il était en piteux état. Là, il semble bien, mais mal rasé…

L'IRM de Scully lance un code : « Trouve-le ! ». Skinner pense qu'elle veut retrouver leur fils…

Le virus SPARTAN désactive nos systèmes immunitaires. Scully pense que seules les cellules souches de leur fils William peuvent sauver Mulder.

Il faut trouver l'homme à la cigarette. Monica Reyes collabore avec ce dernier.

Course-poursuite en voitures barbante…

Scully a eu une information pour William.

Mulder suit son suiveur. L'homme à la cigarette est le père de Mulder.

Petite réunion entre Monica Reyes, Skinner et l'homme à la cigarette pendant que Scully a un accident de voiture.

L'enjeu de tout cela ? L'extinction de l'humanité ! Pas moins.

Une autre équipe veut s'enfuir dans l'espace pour échapper à l'épidémie. Quel délire !

« Pas une seule conspiration, mais deux ! » S'exclame Mulder.

« La vérité est toujours dans les X-Files ! Mulder ». Déclare Scully. L'homme à la cigarette explique à Skinner que c'est lui qui a engrossé Scully…

1102 This

Une voiture qui roule dans la nuit. Mulder reçoit des appels de Langly (des bandits solitaires). Dans la voiture des types en cagoules avec des armes.

Langly pose la question à Mulder : « Est-ce que je suis mort ? » Les trois gars de la voiture attaquent Mulder et Scully. Deux sont tués, le troisième s'enfuit. Et Langly de geindre dans le smartphone de Mulder : « Suis-je mort ? Si je le suis, ils savent ce que je sais… »

Titre de l'épisode après la fin du générique :

ACCUSE YOUR ENEMIES OF THAT WICH YOU ARE GUILTY

Voilà que des soldats russes interviennent lourdement armés et les font prisonniers. Ils s'enfuient et sont sauvés par Skinner qui, auparavant, avait refusé de les aider. Mulder et Scully recherchent la tombe de Langly. Sa date de naissance est fausse sur la stèle. Ils décryptent le code et trouvent la tombe de Gorge Profonde (Ronald Pakula) mort le 13 mai 1994. Ils découvrent une pièce incrustée dans la stèle avec un cryptogramme qu'on déchiffre avec un téléphone. Mais ils sont attaqués par le survivant de l'attaque précédente. Il est également tué. [Ils ne sont pas très bons...]

Tout cela les amène à consulter les X-Files avec l'aide de Skinner, toujours aussi mystérieux.

La vie existe après la mort ! Grâce à l'informatique et le numérique. Langly est donc bien revenu d'entre les morts ! Mulder et Scully parviennent à arrêter tout cela, mais pas les responsables qui fuient en emmenant la machine à ressusciter les morts...

Et le smartphone de Mulder lui apprend, hélas, qu'il y a une sauvegarde...

1103 Plus One

Un petit jeune qui sort de boîte a un accident de voiture avec son double !

« The Thrut is out There ! »

Enquête sur les Doppelgangers... Vous savez, ces doubles qui vous poursuivent partout...

Une affaire de jumeaux diaboliques. Pas facile tout cela.

Maladie mentale selon Scully ou maléfices selon Mulder. L'éternel débat entre Scully et Mulder : rationnel ou irrationnel ?

Deux jumeaux (un homme et une femme) jouent au pendu. Quand le pendu est complet, ils tuent par double interposé.

Scully est pourtant de plus en plus terrifiée.

Conversation intime et pudique entre Mulder et Scully au lit.

Bon, la fin est un peu facile. Enfin… pas la fin, mais la manière dont ils s'en sont sortis.

Je ne vous en dirai pas plus.

1104 The Lost Art of Forehead Sweat

Images en noir et blanc. Ils rendent hommage à la série « La Quatrième dimension ». On voit le premier épisode. Un type au comptoir a peur des Martiens. Il en voit un par la fenêtre. Le patron lui dit : « Mais c'est un miroir ! »…

« The Truth is out There. »

Mulder rentre déguisé en ours. Scully l'appelle. Puis on voit Mulder dans un parking souterrain (celui du FBI) ; il rencontre un type qui lui fait un discours incompréhensible, qui a besoin de lui et qui lui annonce qu'il est amnésique (Mulder est amnésique)…

C'est pour cela qu'il ne le reconnaît pas, parce qu'il est amnésique. À cause d'eux ! Et ce type lui parle du premier épisode de la série « La Quatrième dimension »… Quelqu'un arrive. Mulder déclare : « Ce serait extraordinaire si c'était Rod Sterling ».

Donc Mulder se met à la recherche de l'épisode de la série « La Quatrième dimension », intitulé « Le

Martien perdu ». Il ne le trouve pas. Le type lui avait dit qu'il n'existait pas. « Faites-vous une idée ! ».

« C'était peut-être *Au-delà du réel* ? Suggère Scully.

Celle-ci rencontre le même type qui s'exclame : « Ils essaient de m'effacer ! ». Il hurle ! Et lui donne un paquet d'une préparation pour de la gélatine qui date de l'époque de la série [1959-1964]... « Le gouvernement en sait toujours plus qu'il ne prétend. »

Mystère : la capacité de contrôler la mémoire ? Ou l'existence d'un autre univers qui se mélange au nôtre ? Le principe du rasoir d'Orkham ? Etc.

Ensuite on nous sert une longue série de dialogues surréalistes. Le responsable : le Dr « Ils » !

Les producteurs nous offrent un épisode délirant, une autodérision.

« Plus personne ne peut plus dire ce qui est faux ou vrai ! » déclare Mr Ils à Mulder.

Une petite parodie du film « Le Jour où la Terre s'arrêta » [de Robert Wise 1951].

C'est la fin des X-Files.

Finalement, ce qu'on a vu au début de cet épisode n'est pas extrait de la série « La Quatrième dimension », c'est un plagiat bas de gamme appelé « Le Royaume obscur ».

Ah ! La mémoire ! Se rappeler comment c'était...

1105 Ghouli

Excellent épisode qui reste incrusté dans ma mémoire.

Prologue : une petite jeune-fille, la nuit, entre dans un ferry (le Chimera) à quai, un bateau voué à la démolition.

Elle crie : « Êtes-vous Ghouli ? ».

Une autre petite jeune-fille répond : « C'est vous !

- Non, je ne suis pas Ghouli !

- C'est ce qu'aurait dit Ghouli... »

Il fait noir et la tension est grande quand surgit un monstre atroce qui s'acharne sur les deux filles.

YOU SEE WHAT – I WANT YOU TO SEE

Bon, nous revoilà avec des scènes ennuyeuses et la voix off de Scully qui nous fait un cours sur le rêve éveillé...

Quelqu'un s'est introduit chez elle.

Ce qui nous vaut les discussions habituelles Mulder/Scully, ou Scully/Mulder, comme vous voulez, sur l'explication du "phénomène".

« Les rêves sont les réponses d'aujourd'hui aux questions de demain... » Cite Mulder. C'est d'Edgar Cayce. Moi j'aurais simplement dit « un rêve prémonitoire...! »

Mulder et Scully vont enquêter dans le ferry où se trouve déjà la police locale. Sur Internet ils ont trouvé ce qu'est un Ghouli : un monstre qui se nourrit de chair humaine.

Sur le site qui donne ces informations, la plupart des textes sont signés @Recever.

C'est un rêve qui a amené les deux jeunes-filles au bateau. Le même genre de rêve que Scully a fait au début de l'épisode. On comprend que chacune des filles voit Ghouli en l'autre.

Les enquêteurs apprennent que les deux filles ont le même ami.

À sa recherche, ils arrivent devant la maison du rêve de Scully où ça s'entretue!

Le petit ami des deux filles a tué ses parents et s'est suicidé. Le jeune-homme était schizophrène et ne prenait pas ses médicaments.

Scully va-t-elle faire une autopsie? Non! Elle fait un prélèvement pour analyse AND, et pour le comparer au sien. Elle pense que le jeune-homme est William, son fils.

Une fois seul, le jeune-homme se lève et sort de son sac plastique. Scully rêve de nouveau à l'hôpital.

Mulder lui dit: « D'habitude je suis le premier à penser l'impensable! ».

Les départements de la défense et de la justice sont dans le coup. L'homme à la cigarette magouille avec Skinner qui demande à Mulder de laisser tomber l'enquête après que l'homme à la cigarette l'a mis en garde.

Il est encore question d'ADN hybride alien/humain. Le professeur qui a créé cette hybridation est Masao Matsumoto.

Jackson/William disparaît, car il peut faire voir ce qu'il veut à quelqu'un.

« Si vous ne vous battez pas pour quelque chose, vous tomberez pour n'importe quoi… », déclare le supposé Matsumoto à Scully dans une station-service. C'est une citation de Malcolm X.

Regardez bien jusqu'à la dernière image : surprise ! Pas tant que ça…

1106 Kitten
Prologue: guerre du Vietnam en 1969

Skinner est membre d'un commando qui doit livrer une étrange malle de laquelle s'échappe une vapeur démoniaque quand les balles du Vietcong l'ont percée. Mais on n'apprend qu'à la fin de la séquence que c'est Skinner. Juste avant le générique...

Et voici le directeur adjoint Kersh qui reçoit Mulder et Scully : Skinner a disparu ! Les deux agents doivent le retrouver.

Leur enquête les emmène dans un bled où on a trouvé le corps du médecin local qui a l'oreille coupée. Car cette oreille, ils l'avaient trouvée dans le bureau de Skinner où ils avaient été fouiller en son absence.

Il y a un asile psychiatrique qui accueille des anciens du Vietnam. Une rumeur circule, car beaucoup de personnes ont vu un monstre.

Dans la forêt, un chasseur tombe dans un de ces pièges comme le Vietcong les faisait. Et Skinner est aperçu regardant, d'en haut, le corps du gars au fond du trou plein de pieux.

Ce qu'il est mystérieux ce Skinner. Ses souvenirs de guerre lui reviennent : l'armée avait développé des recherches pour mettre au point un gaz qui rendrait les soldats violents. Toujours ce mauvais gouvernement dont il faut se méfier. Et ne parlons pas des militaires !

C'est ce qu'a fait Skinner, se méfier à la lumière de l'expérience de Mulder et Scully.

1107 Rm9sbG93ZXJz

« L'intelligence artificielle apprend des humains. »

« Les humains doivent être vigilants sur ce qu'ils enseignent à l'intelligence artificielle, sinon c'est eux qui seront supprimés. »

Mulder et Scully sont au restaurant : tout est automatique. Mulder ne réussit pas à retirer sa carte de crédit ; il tape sur la machine et ils sont alors enfermés ! Ils réussissent à sortir.

Etc. Bon ! On s'ennuie. Il n'y a que deux personnages : Scully et Mulder. Et les machines… Avec plein de complications…

1108 Familiar

Un épisode des plus classiques, comme au bon vieux temps de la série. On attendait plus pour cette onzième saison.

Un enfant suit « M. Rigolo » dans la forêt. Ce M. Rigolo n'est pas très engageant. On retrouve les effets du roman de Stephen King « Ça », adapté en série télé et récemment au cinéma avec une suite. [*It (Ça)* d'Andy Muschetti (2017)]

Les personnages TV de Mr ChuckleTeeth et les Bibbletiggles s'inspirent d'émissions pour enfants.

Dans une ville du Connecticut un enfant est retrouvé mort. Scully et Mulder mènent l'enquête.

Ce dernier voit un animal sauvage comme coupable et elle, pense à un meurtre. Donc Scully, la rationnelle et Mulder l'irrationnel. Et dans la forêt ! Cette forêt récurrente dans la série.

On assiste à une hystérie collective, Scully, fait une démonstration magistrale, mais il y un gros grain de sable dans sa machinerie. Mulder va alors chercher la petite bête… Au sens propre ou au sens figuré ? Ah ah ah !

1109 Nothing Lasts Forever

On offre aux spectateurs une opération : rien ne leur est épargné.

Nous avons affaire à des trafiquants d'organes.

Une jeune femme s'infiltre dans les lieux.

Scully communie à la cathédrale de Washington pour la « vie éternelle ».

La jeune femme qui s'était infiltrée chez les trafiquants d'organes, y a tué un des chirurgiens et a laissé les organes conservés dans une glacière devant un hôpital. Il est écrit sur la glacière « À moi la rétribution ».

Une très belle histoire d'horreur, de trafic d'organes pour la jeunesse éternelle.

Scully et Mulder enquêtent sur le meurtre ci-dessus.

Une adaptation de l'histoire de la comtesse Bathory.

Ces dangereux personnages élèvent des jeunes pour nourrir la jeunesse du couple prédateur.

Heureusement qu'il y a la jeune-fille qui cherche en vain à sauver sa sœur, greffée à un vieillard… parce que si on devait compter sur Scully et Mulder !

1110 My Struggle - Part IV

Résumé de la vie de William. Tout le monde est à la poursuite de William : Scully et Mulder, l'homme à la cigarette… Ce dernier veut lancer la pandémie.

William, lui, fait exploser la tête des gens rien qu'en les regardant. Un homme au film *Scanner* de David Cronenberg (1980) et toutes ses suites, dont la première *Scanners II* a été réalisée par Christian Duguay (1990). La fin est en queue de poisson... William est mort, Mulder aussi ?

Allez savoir...

Et un avenir pour une douzième saison ?

Table des matières

Introduction 3
Aux Frontières du réel 3
Le casting (l'essentiel seulement…) 5
LES FILMS 7
   The X-Files le film de Rob Bowman (1998) 7
   X-Files Regeneration (I Want to Believe) de Chris Carter (2008) 9
Un mot sur la série Fringe 11
X-Files les épisodes 13
   La première saison (1993) 13
   La deuxième saison (1994-1995) 21
   La troisième saison (1995-1996) 29
   La quatrième saison (1996-1997) 37
   La cinquième saison (1997-1998) 44
   La sixième saison (1998-1999) 53
   La septième saison (1999-2000) 61
   La huitième saison (2000-2001) 67
   La neuvième saison (2001-2002) 77
   La dixième saison (2016) 85
   La onzième saison (2018) 91
Table des matières 103